TEAM!
真高管团队

房晟陶 左谦 蔡地 —— 著

民主与建设出版社
·北京·

© 民主与建设出版社，2023

图书在版编目（CIP）数据

真高管团队 / 房晟陶，左谦，蔡地著. -- 北京：民主与建设出版社，2022.12
ISBN 978-7-5139-4046-7

Ⅰ.①真… Ⅱ.①房… ②左… ③蔡… Ⅲ.①企业领导学 Ⅳ.①F272.91

中国版本图书馆CIP数据核字（2022）第228380号

真高管团队
ZHEN GAOGUAN TUANDUI

著　　者	房晟陶　左　谦　蔡　地
责任编辑	程　旭　周　艺
封面设计	青空工作室
出版发行	民主与建设出版社有限责任公司
电　　话	（010）59417747　59419778
社　　址	北京市海淀区西三环中路10号望海楼E座7层
邮　　编	100142
印　　刷	三河市冀华印务有限公司
版　　次	2022年12月第1版
印　　次	2023年2月第1次印刷
开　　本	880mm×1230mm　1/32
印　　张	11.5
字　　数	238千字
书　　号	ISBN 978-7-5139-4046-7
定　　价	66.00元

注：如有印、装质量问题，请与出版社联系。

目 录

序　先有真高管团队，再有真高管 / 1

第 1 章
真高管团队真在何处

01. 真高管团队的衡量标准 / 004
02. 真高管团队善于在真理处相遇 / 010
03. 真高管团队里大家是"成年人"又"够简单" / 014

第 2 章
通过模型系统理解真高管团队

04. 真高管团队模型的七个构成要素 / 030
05. 七个构成要素的链接和整合 / 041

1

第 3 章
一号位：你若盛开，蝴蝶自来

06. 一号位的组织想象决定了组织的上限 / 052
07. 一号位需要从将才进化到帅才 / 059
08. 一号位要能够平衡勇气和谦卑 / 065
09. 一号位要善于搭配核心球员和角色球员 / 070
10. 一号位要善于最后发言 / 078

第 4 章
外部适应性：胜利先于和谐

11. 高管团队的核心责任是外部适应，不能简化为战略 + 打胜仗 / 088
12. 高管的核心责任是在正确的方向上取得战术突破 / 095
13. "Strategizing"才是真高管团队的核心挑战 / 105

第 5 章
真高管：真金不怕火炼

14. 真高管，既能自定义角色感，也要有钝感力 / 120
15. 真高管，既能干又能说，还能用不平衡打破现状 / 135
16. 真高管，是职责 / 角色的四合一，就像一个优秀的妈妈 / 145

17. 专业、职业、创业精神是中年高管的三大普遍挑战 / 157
18. 从中层到高管，时间分配的四大陷阱 / 166

第 6 章
使命愿景价值观：道不同不相为谋

19. 塑造共同的使命愿景价值观是真高管团队的必修课 / 178
20. 共创使命愿景价值观的六个关键问题和两项重要提醒 / 184
21. 没有使命愿景价值观，高管们可能越学习越焦虑 / 194

第 7 章
共同语言：话不投机半句多

22. 想要高效愉快地开会，得先有点儿共同语言 / 206
23. 没有共同语言，高管们对组织问题的诊断就如鸡同鸭讲 / 216
24. 共同语言＋刻意练习，高管们才能克服对组织问题的片面认知 / 222

第 8 章
场域：天地之大德曰生

25. 场域没有生成性，高管团队"真"不起来 / 236
26. 要允许标签式、评判式反馈的存在 / 244
27. 恬然澄明且有行动力是一种理想精神及情绪状态 / 255

第 9 章
复杂关系：哀莫大于心累

28. 一号位要勇于迭代更新一两个关系 / 266
29. "治未病"是解决好高管团队复杂关系问题的最佳策略 / 271
30. 3F 型创业高管的自我进化 / 276

第 10 章
真高管团队模型的综合理解和应用

31. 打造真高管团队，就是建立微缩版的组织 / 288
32. 组织的魂魄在于 2.5 个"大才" / 293
33. 洋葱型和大葱型的高管如何共生共荣 / 301
34. "先让英雄救猫咪"，是外聘高管融入的一个小智慧 / 307
35. "上得厅堂，下得厨房"，是外聘高管成功的秘诀 / 311

36. 创始人和空降高管的关系进阶 / 316
37. 高管团队如何打破和改变小心翼翼的状态 / 321
38. 高管团队无法有效讨论的六大原因 / 326
39. 高管团队绩效管理的三个重要发力点 / 332
40. 真高管团队是熬出来的 / 339

跋　相比真高管，时代更需要真高管团队 / 351

序
先有真高管团队，再有真高管

作者：房晟陶

2018 年 12 月 4 日，我在首席组织官公众号上发表了《从团伙到组织的关键是能否有五六个"真高管"》这篇文章。

这是"真高管"这个词第一次正式出现。

为什么会写这篇文章，并提出"真高管"这个概念？主要是因为，在 2018 年之前 5—10 年风起云涌的创业大潮中，"高管"大量涌现，扔块砖头就能砸到几个 VP 和 CXO[①]。这些高管，在职责上确实已经承担了高管的责任，但在能力、角色定位上还是有普遍的差距，而且创始人、一号位也不知道怎么去发展他们。在经历了创业初期的"乱拳打死老师傅"的小成之后，这种"小马拉大车"的现象就成了众多创始人、一号位普遍的关切。

于是，我就随手写了这篇文章，点评了这个现象并给出了

[①] CXO：代指 CHO（首席人力官）、CFO（首席财务官）、CTO（首席技术官）等。X 代表 H、F、T 等。

一些解决思路。

文章发表之后,引起了很多共鸣,阅读量比较大。

我记得肖知兴老师有一个点评:"有五六个真高管,在中国基本就能打遍行业无敌手。"

确实如此。我在写文章的时候,用了"五六个"这个数字并没有经过什么科学论证,主要就是为了区别于一两个:"为什么是五六个而不是一两个呢?如果是一两个,还是会有很多偶然性(比如夫妻、兄弟、同学)。如果是五六个,创始人兼CEO在这方面的能力一般是可以通过考验了。"

事后想想,能有五六个真高管,那真的是非常奢侈的事情了,在一个行业里闯进决赛圈肯定是没问题了。

很多创始人尤其喜欢这篇文章,纷纷转发给他/她的高管团队。暗含的意思就是:你们看看自己是不是"真高管"。

我还记得有一个创始人有个特别有意思的举动:他故意把文章的副标题用笔挡上,然后把其他内容照上发给了他的高管。

为什么要挡上这个副标题?副标题写的是什么以至于需要被挡住?

副标题写的是:产生"真高管"的关键是创始人兼CEO与他人建立有质量的关系的能力。

这位创始人是否同意副标题的观点,我并没有深入跟他探讨,但是我能肯定的是,这句话能触动很多创始人、一号位。

说高管不行是容易的,关键难点是如何帮助他/她变行。

如何发展真高管?在发展真高管的过程中,创始人、一号位是个什么角色?"成为真高管"靠高管个人努力够吗?

在这篇文章中，我提出了这样一个假设性问题：从个体而言，伪高管到真高管的提升路径需要相当长的时间，而且人无完人，每个人都或多或少会有某些部分的能力缺失，会不会有这样一种更加高效的实现路径——创始人兼 CEO 与一群"伪高管"或"非伪高管"首先进化成一个"真高管团队"；在这个过程中，每个团队成员都逐渐进化成为"真高管"。

我当时的回答是："有的，而且必须有。"

从 2019 年开始，我和首席组织官团队就开始基于"先有真高管团队，再有真高管"这一基本假设，花费大量时间精力思考和研究"如何打造真高管团队"这一问题。

在这个过程中，我们发现，尽管市场上已经有很多关于"团队"的书籍、方法论和培训课程，但存在三个普遍问题：

第一个普遍的问题是，大量方法论更适合于中层团队、项目团队、任务团队，但是鲜有关于公司级领导团队的方法论，尤其是关于创业探索期、快速成长期的领导团队的。事实上，我们的市场上有大量的这种处于创业探索期、快速成长期的公司。

从那些老牌公司的标准和视角看，这些公司的领导团队表面上看起来都像是"杂牌军""童子军"，根本都称不上是"高管团队"。但是，所有未来的优秀甚至是伟大的公司，不都是从这种状态中成长起来的吗？

处于这种阶段的公司的领导团队，有什么规律呢？如何在现实条件下"打造真高管团队"呢？

市场呼唤一些有指导意义的方法论。

第二个普遍的问题是，大量的方法论强于指出问题和不对的地方，但是对于"怎样做才可能对"刻意避开。指出痛点问题是很爽的，但是关键的挑战还在于给出解决的方向和方案。

但是，要想给出解决方向及方案是个非常冒险的事情。一方面，领导团队、高管团队本质上是个"动态复杂的社会系统"，没有唯一正确解和绝对正确解；另一方面，有些问题是无解的，至少是在短期内是无解的，比如，一号位系统思考能力不强，或者没有使命感，或者老板和老板娘关系形同陌路了，怎么办？

正是因为这样的原因，很多方法论就没有着重于"怎样做才可能对"，而是着重于"哪些是错的"。

第三个普遍问题是，即使有一些关于领导团队、高管团队的方法论，还是直接来自美欧的"直译"。这也可以理解，我们的民企管理实践本身就没多少年，还没有多少"最佳实践"，甚至连"成功实践"都很少。与此同时，不可忽视的是，我们的领导团队、高管团队绝大部分情况下都还处于"创始人时代"，这与欧美市场的"职业经理人市场"的状态非常不一样。比如，乔布斯、马斯克想做点创新的事，还是可以找到大量经过扎实训练的职业经理人。这两点不同，会导致中国企业打造高管团队的时候有非常不同的挑战。

基于"先有真高管团队，再有真高管"这一基本假设，结合上述三个普遍问题，我们研发了《真高管团队》公开课，并于2019年12月首次推出。

2020年8月，我们更新迭代了课程设计，又首次推出了《打造真高管团队特训营》。

这个三天两晚的特训营，每次都有 4—6 个不同公司的高管团队（一号位带队）共同参加。截至 2022 年 10 月，已经有超过 100 个公司的高管团队参与了这个特训营。也就是说，我们也在短时间内，密集地接触和观察了大量的高管团队（其中大部分都是处于成长期或创业探索期）。在这个过程中，我们对于"真高管团队"这个议题也有了更深刻的理解。

本书汇编了我们在过去三年里与"真高管团队"这个议题相关的文章。在准备成书的时候，我们又对相关的内容进行了调整、迭代和整合。

"真高管团队"这个问题非常复杂，又非常有价值，我把它称为"组织工作王冠上的宝石"。尽管我个人也曾陪伴过高管团队的成长并自认为曾经打造过"真高管团队"（在龙湖集团任职执行董事兼首席人力资源官时），之后我及首席组织官团队也有对大量高管团队的观察和辅导（在特训营、内训、咨询中），我们也决然不敢说我们就掌握了真理。如果那样说，就是太自大了。

不过，我们还是愿意把我们对于"真高管团队"这个议题的一些观察、总结分享出来，希望对一些创始人、一号位、高管、HR 及组织专业工作者、学者有所启发。同时，也欢迎得到各界读者的反馈、批评和建议。我们会继续研究这个议题，不断总结提炼，为沉淀中国管理知识及实践添砖加瓦。

房晟陶
首席组织官创始人
2022 年 10 月于北京

1

真高管团队
真在何处

———

真才实学的"真"
真情真我的"真"
追求真理的"真"

高管团队还有真伪之分吗？

是的，不仅有，也应该去区分。

正所谓：问题出在前三排，根子就在主席台。

本章我们将通过三面放大镜，来逐级寻找和探究真高管团队的真。

第一面，我们通过对比真高管团队与非高管团队的区别，来寻找真高管团队有哪些真。我们首先解释了真高管团队和非高管团队存在的五点核心区别，然后对比了500强外企中国区高管团队和创始人领衔的民企高管团队的六点根本不同，最后我们认为，真高管团队的真，主要体现在以下四个方面：真才实学、真情真我、追求真理、"真的"第一团队。

第二面，我们来放大真高管团队追求真理的"真"。我们认为真高管团队里都是成年人，成年人有着追求真理的基调，进而通过回答两个问题来放大追求真理的"真"：其一，为什么说真高管团队都追求真理？其二，追求真理的高管团队会有什么样的结果？

第三面，我们来放大对成年人的认识。既然说真高管团队里都是成年人，那么，什么是成年人？对成年人该有怎样的理解？成年人有着什么样的标准和特征？为什么又说成年人要够简单？怎样才能称得上是够简单？

通过这三面放大镜，希望能够帮助大家对真高管团队有一个初步的认识。

01

真高管团队的衡量标准

作者：房晟陶

在揭开真高管团队的神秘面纱之前，让我们先来看看高管团队和非高管团队有何不同，再来谈真高管团队和伪高管团队究竟有何区别。这样，你就能理解我们为什么要在高管团队前面加个"真"字了。

首先，与高管团队对应的，是非高管团队。那么，高管团队与非高管团队的核心区别是什么？

我们用图 1-1 来解释为什么这个问题是一个很重要的议题。在这之前，我们要明确一点，打造高管团队与对高管的要求不是一回事，不是找到几个厉害的高管，就能自然得到一个有战斗力的高管团队。

高管团队和非高管团队第一个区别，高管团队是战略视角、外部视角、未来视角、全局导向，而非高管团队是任务和局部导向。

高管团队	非高管团队
战略视角 / 外部视角 / 未来视角 / 全局导向	任务 / 局部导向
张力是常态	和谐是期待
独立 + 相互依赖	依赖 + 独立
处理模糊混乱和变化	环境及任务相对明确
更多"艺术"	更多"科学"

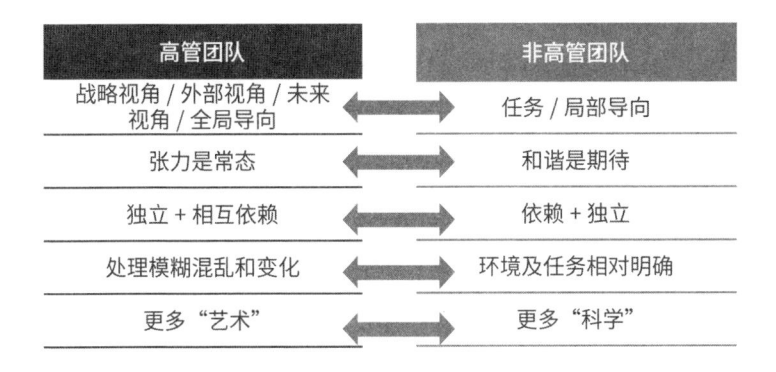

图 1-1　高管团队与非高管团队的核心区别

第二个区别，高管团队张力是常态，非高管团队期待和谐。

第三个区别，在高管团队中，每个人有相对独立性，很多高管相互之间很少见面，但非高管团队成员相互之间有更多的依赖。

第四个区别，高管团队的核心是要处理模糊混乱和变化，但非高管团队的环境及任务相对明确。

第五个区别，高管团队有更多"艺术"性，不一定所有的事情都是理性的、科学的。

图 1-2 更容易让大家认识到这两者之间的差异。我们可以通过对比找出创始人领衔的民企高管团队和 500 强外企中国区高管团队之间的核心区别。

注意，500 强外企中国区高管团队可以管 500 亿元的业务，创始人领衔的高管团队也有可能管 10 亿元的业务。但二者所管理的业务规模不是两者的根本不同，那这两者根本性的不同是什么？

500强外企中国区高管团队	创始人领衔的民企高管团队
受组织强约束的一号位 ⇔	行动相对自由的一号位
认同使命愿景价值观 ⇔	塑造使命愿景价值观
贡献于战略 ⇔	要制定战略
管理和领导 ⇔	生意和经营
职业关系 ⇔	复杂关系
已有共同语言 ⇔	建立共同语言

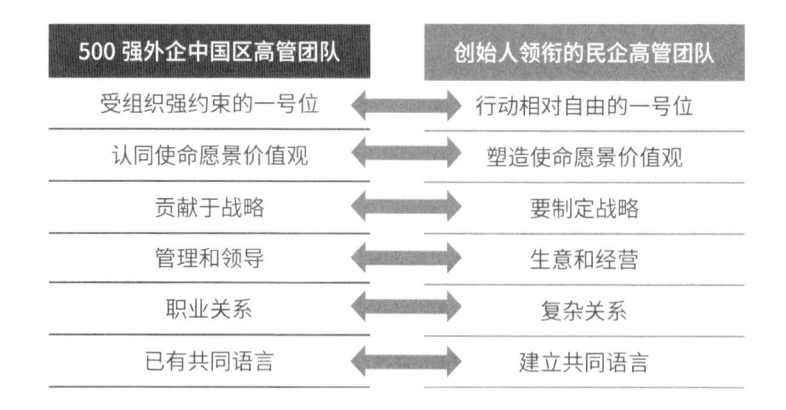

图1-2　500强外企高管团队与民企高管团队的区别

第一，创始人领衔的民企高管团队基本都有一个行动相对自由的一号位，想干什么就干什么。但500强外企中国区的高管团队一号位是受组织强约束的，比如，什么时候汇报、什么时候开什么会，你要是不行就把你辞退。

第二，创始人领衔的民企高管需要去塑造真正能够连接大家的使命愿景价值观（尤其是高管们的）。但500强外企中国区的高管不需要去塑造使命愿景价值观，只需要认同和践行就可以了。

第三，创始人领衔的民企高管要制定战略，而500强外企中国区的高管团队更多的是贡献于战略（战略里的很大部分责任都被总部承担了）。

第四，创始人领衔的民企高管团队要更多地从生意和经营的视角去看问题，平衡使命与活命的关系。而500强外企中国区的高管团队谈论的更多是管理和领导。

第五，创始人领衔的民企高管团队有很多复杂关系，大部分有夫妻、兄弟、父子等。这些关系是企业取得现阶段成功的重要因素，但当企业发展到新阶段时，这些复杂关系如果处理不好将会成为团队塑造道路上的巨大障碍。但500强外企中国区的高管团队里面基本上都是职业关系，很少有涉及血缘的复杂关系，管理上相对容易。

第六，创始人领衔的高管团队在大部分事情上还没有共同语言，需要去逐步塑造，所以每次交谈都是从0开始。但500强外企中国区的高管团队之间总是有共同语言，比如，谈到战略有战略框架，谈到新产品上市有新产品上市流程，谈到运营大家对运营的理解是一样的，谈到预算大家都知道怎么回事。

以上六点就是两个团队之间的关键和根本区别，由创始人领衔的高管团队和一个500强外企中国区的高管团队在任务上就有根本不同，所以对高管团队的塑造方式也非常不一样。以上六个问题也都是创始人领衔的民企高管团队在成长期间需要解决的问题。

不过，现在市面上大量的关于团队的各种框架，不是为创始人领衔的高管团队设计的，而是为"非高管团队"设计的。如果用给"非高管团队"的思维框架去指导真高管团队的建设，会产生很多误导。

创始人领衔的高管团队和一般的高管团队不一样，如果看不到区别，你的动作和方法就会有问题。

好的团队，无论是球队还是交响乐队，都是需要花费很多时间训练的。以赛代练是个方法，但效果往往是靠天吃饭。高管团队也需要好的训练方法、训练框架。

有好的自我训练方法的高管团队，可以更快地成为有战斗力的高管团队。

作为一号位，如果你不做这件事，可能就没有人会管这件事了，因为你占了高管团队 50% 以上的权重。

以上只是简单比较了真高管团队与非高管团队的区别。接下来，我们再来谈谈如何衡量一个高管团队是不是真高管团队。

我们衡量真高管团队，首先看它是不是一个创业团队（而不是一个管理团队）；其次看它能否面对外界不确定性，带领公司夺取一个个阶段性的胜利；还有就是能否不断引领组织进化更新；最后一点是，高管团队的成员们是否都是成年人。

首先，打个比喻，用一句话说就是，"真高管团队"是一个善于把弯路走好的团队，虽然走了很多弯路，但队伍没有走散，还是带领公司找到出路并取得一个个胜利。外界环境很不确定，没有直路。每个高管都认为按照自己建议的方向走，会是一条直路，但回望过去，会发现走的都是弯路。

其次，弯路也是路，谁的人生不走点弯路呢？这对高管团队的很多方面都有非常独特的要求。

最后，让我们重点澄清真高管团队的"真"到底是什么含义。

第一，真才实学的"真"。现在是个充满机遇的时代，很多创业公司人员的名片上写的都是高管头衔，CXO、VP、联合创始人等，但他们在能力上未必是高管，很多时候是因为机遇把他们推到了这个位置上。

第二，真情真我的"真"。高管要在高管团队内、在公司内投入真情实感，而不是玩职场套路，也不是逢场作戏。

第三，追求真理的"真"。思考和解决问题的时候，不能是高管个人之间的义气之争、权力之争，这都是内卷，我们说的追求真理是在探寻解决方案的时候，要看到外部竞争、客户价值、长期利益，这些是真理。

第四，"真"的第一团队。很多公司的高管团队都不像一个团队，因为高管个人能力很强，独当一面，很多时候在做事时未必需要其他高管的过多协作，自己就能带领一个作战团队。这时候高管很容易把自己下辖的团队下意识地当作自己的第一团队，并没有把创始人或者一号位领衔的团队当作自己的第一团队。他不是与高管团队统筹协作，而是只专注于自己那个团队。他在自己下辖的团队中是很舒服的，他说了算，他统筹资源调度，成就感更高。如果没有人用场景捏合高管团队这个第一团队，公司的竞争力就会受到影响。

02

真高管团队善于在真理处相遇

作者：房晟陶

前面我们提到，真高管团队的"真"，其中一种含义是"追求真理"的"真"。接下来，我们就来详细谈谈，真高管团队为什么要"追求真理"。

每个人都有情绪，当然每个高管也都会有，包括一号位。一些情绪来自人际关系，很多情绪来自能力不足，也有很多情绪来自环境的变化无常。

处理不好自己情绪的高管，会给整个高管团队带来巨大的消耗，员工都得绕着他走。当然，个人也不会很痛快。如果连一号位都解决不了自己的情绪问题，给整个高管团队甚至公司带来的伤害性就更大了。

如何处理情绪的问题，既是高管成长中的一个关键点，又是高管团队有效性的一个关键点。

有的时候，高管希望上级能够帮助自己抚平情绪。就像在中基层的时候，当我们情绪出现问题，就可以找上级，或者第三方。可是，在高管团队里，作为高管上级的一号位不仅很少能带来理解和安慰，而且经常是各种情绪的源头。另外，在高管团队中，客观中立的第三方也很难找到。

高管（包括一号位）都必须是成年人。这是高管团队和中层团队的一个重要区别。当然，"必须是成年人"这个道理不仅适用于高管团队，对于创业团队来说也适用。创业团队中的很多人在经验和能力上都达不到高管的要求，但不得不承担类似高管的责任。

即使你自己不想长大，高管团队或创业团队这个环境和责任也不容你不长大。不长大，你就有可能退回到中基层去。

成年人之间怎么相处？

一个"真高管团队"，善于在真理处相遇。高管团队里没有追求真理的基调，情绪问题就不会在根本上解决，这个团队也不会成为一个"真高管团队"。

高管们可以在酒桌上相遇，把酒言欢缓解情绪，但是第二天早晨带着宿醉更解决不好各种实际问题。

团建活动可以促进团队感。可是那种虚拟环境下的团队感在真刀实枪的市场竞争中也解决不了什么问题。

人际能力和同理心可以缓解很多情绪问题。但是，高管团队里不是每个人都具有这种天赋。甚至可以说，有这种天赋的人是少数。难道我们要把人际能力和同理心不足的人都清除出高管团队？

抱团取暖可以带来安慰。可是，竞争对手不会老给你送温暖。

请一位"牧师"专门来化解情绪问题？每个人的"教派"

都很不一样。你认可的"牧师",我不一定认可。

还有些一号位,期望自己化身为真理去解决所有的问题,促进整个高管团队的和谐。这是一种幻觉,因为一号位也经常不正确。

高管之间关系的基调应该是什么?

是和谐吗?胜利先于和谐。

但是,胜利也不够,因为胜利具有短期的迷惑性。另外,胜利也可能与价值观矛盾。

真理大于胜利。胜利可以作为衡量真理的阶段性验证,但胜利本身不是真理。以胜利代替真理,即狭隘的结果导向,这恰恰是一些高管团队无法脱离情绪问题的根本原因。很多结果导向,到最后就是比谁运气好,谁能趋利避害而已,甚至是谁更能给别人使绊子。

一个真高管团队的共同老板只能是"真理"。

什么是真理?真理在哪里?这个事情本身就是高管团队要集体定义的问题:大家要集体建立一个规则,我们大家要在什么东西面前共同低头?

真理在客户那里,在结果那里,还是在老板那里?真理在使命愿景里,还是在价值观里?真理在公司内部,还是在外部?这些底层假设的问题看似虚无缥缈,实则非常实际。

真理越辩越明。真高管们要善于"坐而论道",善于在底层假设层面进行交流和交锋。在真理的交锋中,真高管既要有"此时此刻,我就是真理"的自信和笃定,也同时要有"自己掌握的永远是局部真理和暂时真理"的谦卑。表现在行为上,真高管要善于在"真理"面前迅速低头,善于自我批判。

每个真高管都要独当一面，肩负起在所辖领域为整个团队追寻局部真理的重任。其他高管在结构上需要信任、依赖他。但是，如果这个人没有追求真理的基调，其他高管就没法真正把后背留给他。**衡量一个高管是否值得这种信任的一个关键标准是：他做错了能不能认账？能不能从错误中吸取教训再次学习？**

如果高管团队里有做错了认账的氛围，高管之间虽然貌似冲突激烈，但是，每一次冲突，都让整个团队向真理接近了一步，大家在心灵层面更接近了一步。

有了追求真理的基调，高管们会更加健康地对待其他人的反馈：重视但不会特别在乎，敏锐但不敏感。每个人的神经都更加大条了，有了更强的自我平复的能力。

另外，高管阶段性能力不足是不可避免的现象，无论是对高管团队还是创业团队。有了追求真理的基调，高管们才更不容易出现"能力不足情绪补"的现象，而更会用勤奋、学习、自我批判、成长心态等这些更积极的情绪来弥补。"对真理的追求"可以赋予高管们真正的自信和安全感。

真理是赤裸裸的，多说也无益。高管的情绪问题，从根本上来说，要用"追求真理"来解决。**"真高管团队"，从某个角度来说，就是一个致力于追求真理的团队。**

当然，"在真理处相遇"是一个"卓越"的标准，很少有高管团队能做到，也很少有一号位能创造这种追求真理的高管团队氛围。能做到"求真务实"，在结果上、战略上相遇已经非常优秀了。

不过，即使绝大部分高管团队做不到，我们也可以"心向往之"。如果连想都不敢想，那就更不可能做到了。

03

真高管团队里大家是"成年人"又"够简单"

作者：蔡地　房晟陶

前面我们提到真高管团队的一个重要衡量标准是——高管团队的成员是不是成年人。

那有人可能会问："高管团队成员不都是成年人吗？"

非也！

因为成年人的判定标准肯定不只是年满十八周岁的法定年龄标准，也不会是"三十而立"这样既看年龄又看结果的传统社会标准。

下面我们就来谈谈"成年人"三个字，到底意味着什么。

1. "成年人"和"非成年人"最大的不同是思维方式的差异

"成年人"三个字到底意味着什么？

是责任担当、独立自主、包容平和，还是命数已定、委曲求全、又苦又累？

不同的人会用不同的思维方式去理解"成年人"这三个字。

而思维方式的差异，恰恰是"成年人"和"非成年人"最大的不同。

因为一个人的思维方式决定了一个人如何认识和解释自己，如何认识和解释自己与他人、社会、世界的关系，进而决定了一个人如何与自己、与他人、与社会、与世界相处。

最近问了我们首席组织官的几位合伙人，想看看他们是如何理解"成年人"这三个字的。

有人说，成年人意味着：

- 敢于面对责任；
- 拥有自知之明；
- 探寻人生意义。

有人说：

- 明白"想清楚选择并对选择负责"是自己的事，即使不选择也会有后果；
- 了解自己的能力和局限，且大部分时间能够拥有成长思维；
- 不试图控制他人且不被他人控制；
- 能够用一致的判断标准观察并识别自己与他人的行为和意图；
- 拥有并传递善意。

有人说：

- 在逆境中仍能保持积极的态度，不抱怨，不放弃；
- 能平衡想做、应做和能做；
- 对生命充满热爱，有勇气承诺，也敢于负责；
- 能明白有所为有所不为，接受既成事实，对结果承责；
- 能真实面对自己只是一个普通人，不作恶，保持善良。

有人说：

- 多用前额叶思考，少用爬行脑思考，对环境和局势有相对理性的判断，使情绪相对稳定，有负面情绪时能较快自我调节；
- 对自我有觉知，能经常以第三方视角来观察自己的状态和思想；
- 果断放弃妄想，追逐可期的未来；
- 一方面想更周全，一方面已经放弃取悦一部分人和事，尝试做真正的自己；
- 更客观地看待周围事物和人的两面性，不是非黑即白。

还有人说：

- 承认自己无论在能力上还是品德上都有不足之处，可以接受怀疑、不认可和监督；

- 善于处理关系的结束，拿得起放得下；
- 喝酒后还有自控能力。

2. 成年人在接受不完美的同时还能够积极地追求更完美

尽管看着大相径庭，但这些答案背后其实隐藏着一个共识：**成年人在接受不完美的同时还能够积极地追求更完美。**

按照"是否接受不完美"和"是否追求更完美"两个维度，我们可以把人分成四类，如图 1-3：

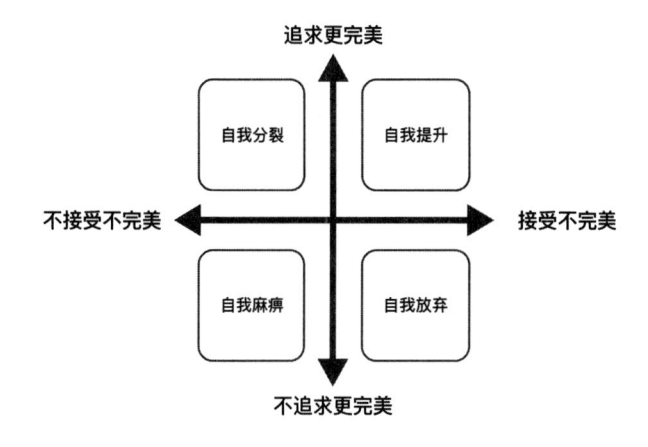

图 1-3 人的四个分类

自我提升型

- 这样的人有自知之明，能够接受自己以及外部环境的不完美，承认和接受自己内在能力和道德的不足之处，并认为外部环境总是危机并存；
- 凡事不怨天尤人，能反求诸己；
- 既能保持独立、不依赖别人，又能平等友好地与别人合作共赢、主动承担责任；
- 既能坚持己见（基本原则），也能吸纳不同意见；
- 既能控制自己的情绪，也能保持热情和激情；
- 认为"办法总比困难多"，能够主动地"推着事情往前走"；
- 永不满足和永不放弃，对"保持饥饿，保持愚蠢"（stay hungry, stay foolish）特别有认同感；
- 能够平衡好谦卑和勇气，不断鼓舞自己和他人去追求和创造更加完美的人生和社会。

自我放弃型
- 这样的人也有自知之明，但自知之后更多的是无奈、无力以及"习得性无助感"；
- 容易缴械投降，认为"人的命，天注定"；
- 可能缺乏原则，所以也很少坚持己见；
- 能控制自己的情绪，但可能过度平静和平和，因此缺乏热情和激情；
- 认为"困难总比办法多"，有时会"被事情推着往前走"；
- 容易安于现状，对"知足常乐、宁静致远"很有认同感；
- 谦卑有余但勇气不足，有时能够被别人鼓舞着去追求和创造更加完美的人生和社会。

自我麻痹型

- 这样的人没有自知之明，很容易接受外部环境的不完美，但难以接受自己的不完美，难以克服和摆脱婴幼儿时期留下的"自我完美强迫症"；
- 容易怨天尤人，凡事成功找内因，失败找外因；
- 依赖别人但不承认依赖别人，甩锅但不承认甩锅；
- 容易坚持己见但又缺乏真知灼见；
- 认为"运气比努力和能力重要"而"自己一定是幸运的那一个"；
- 谦卑不足但勇气有余，因为无知所以无畏。

自我分裂型

- 从逻辑上，这种人几乎不存在，如果存在那可能是产生了某种分裂。

按照上边的分类，好像只有"自我提升型"才是真正的成年人，其他的都还需要继续努力。做"成年人"是一件难事，但"难而正确的事"才是成年人该玩的游戏！

如果说真高管首先是"成年人"，是不是说真高管就少不了处处周全、事事圆通？

还真不是。真高管既是成年人，又都够"简单"。

成年人身上一定都是优点吗？其实并不是，他们与小孩子相比，可能会缺少了一些"简单"，而"简单"是真高管身上的一种重要气质。（相关延伸内容可以扫描本章末的二维码，观看

视频《不够简单的人成不了真高管》)

最近我们意识到:"孩子其实也是大人的老师。"

成年人的有些"技巧",用得过多了,在其他人眼里就成了"伎俩"。

吃里爬外、钩心斗角、拉帮结派等,这些都是比较明显的毛病,掩藏不了多久。但这些都不是本文所说的"伎俩"。

本文说的"伎俩"是指一般人鉴别不出来,也有局部正确性的"技巧"。没有鉴别力的人,往往会特别羡慕这样的"技巧",进而学习之,然后不分情况地应用之,到最后把"技巧"用成了"伎俩"。

而够"简单"的成年人少了这些"伎俩",多了一些脚踏实地的纯粹。

如何成为"简单"的成年人?

下面就举三个例子来说明。

第一,"Teamwork"(团队合作)。

团队合作当然是对的,单打独斗肯定是不行的。

"相互依赖是比独立更高的价值观/Interdependence is a higher value than independence"。这是史蒂芬·柯维(Stephen Covey)在《高效能人士的七个习惯》中的一句话,我印象很深刻。

不过,实现"相互依赖"的前提是"独立"。如果自己不独立,就叫嚷着要"相互依赖",那本质上还是"依赖"。

团队合作用过度了,就会有这样的现象:以团队合作为名逃避个人责任,或者夸大自己的贡献。虽然这种行为还没有达到滥竽充数的地步,但也成了一种"伎俩"。

更具体的行为包括：

（1）什么事都愿意参与，但没有一个重要的事情敢于独立担纲，去承担"无限责任"。

（2）两个人一起做了1的成绩，结果每个人都说自己贡献了0.8，合起来要1.6的回报。

（3）以"参与"为名去"挑活"。与获胜者同行，去抱大腿，去做那些容易成功或者即将成功的事情。

（4）对情感支持有无限需求，无法单独面对任务，干什么事情都必须得有人商量着来，等等。

每个真正的改变、突破的背后，一定都得有一个真正的领导者：一个愿意去承担"无限责任"的领导者，一个不得不面对孤独、不解、非议、冷板凳的领导者；很多这样真正的领导者都没有领导的头衔，但这样的人就是一个组织可以真正依赖的领导者。

我并不是在鼓吹"单兵作战能力"，我强调的是单兵作战能力背后的那种气质：那种横刀立马的气质；那种攻坚克难的气质，那种Just do it（想做就做）的气质，那种敢于蓬头垢面的气质。每个高管都要有自己的阵地，有自己要主攻的方向。必要的时候，还得拎着刺刀直接就上阵，尤其对于创业期的公司来说。

这种"简单"的气质是不能丢的。没有这种气质的高管，可能会在团队合作里耍"小聪明"，很容易就会成为"猪队友""花瓶"，难以成为"真高管"。

第二，"澄清期望"。

"要求上级澄清期望"是一个有用的技巧，这可以确保方向一致，避免一些无谓的浪费。

对于高管来说，要想办法让一号位"澄清期望"。

但"澄清期望"这个技巧用得多了，很容易用歪，比如：

（1）没有明确的期望、清晰的边界，就会陷入焦虑。

（2）不仅要求上级把目标说清楚，还要把怎么做都说清楚，这样才能算"期望清晰"。

（3）难以容忍任何浪费和无用功，特别怕走任何一点弯路。

（4）不愿意在自己所辖的领域去主动独立设立方向、选择路径。

（5）只要还有模糊性，就有了不去行动的借口。

（6）上级提点意见就拿鸡毛当令箭，顺便把责任完全推给上级。

对于"真高管"来说，他们必须是"领导上级"，而不是"管理上级"。

"管理是一种程序化的控制工作，而领导则是一种变革的力量。"

真高管如果用卖力的"管理"来混淆真正有价值的"领导"，那这样便成了"伎俩"。

不要低估领导愿意被领导的意愿。意识不到这一点的高管就很难成为一号位可以信赖的"真高管"。当然，高管要想领导一号位，这个权力是需要主动赢得的，而不是被自然授予的。

这种"澄清期望"的技巧，一般是在成熟的组织里面训练而来的。从成熟组织到一个创业公司，很容易在这方面栽跟头：自己觉得自己这么做"很职业"，但在同伴看来这些很像是保护自己的"伎俩"。他们没有意识到的是,**如果每个人都这么干,创新、迭代、突破、变化的速度根本就赶不上竞争和发展的需要。**

当然,我们不能走到另外一个极端,即一号位一点明确、靠谱的期望都没有,那么这个组织的文化就变成了"揣摩文化"。

第三,"印象管理"。

注重自己在别人眼中的形象,这个倾向无可厚非。

在很多时候,注重别人对自己的感觉,对他人也是个尊重。我们不会喜欢和一个不关心别人感受的人一起合作(无论是工作还是生活)。

不过,"印象管理"这个技巧用得多了,也容易用歪,比如:

(1)生怕领导看不见自己的贡献。领导在场的时候和不在场的时候两个样。

(2)在团队里面,不由自主地不说真话,不表达真情实感。但也不是故意说假话,而是说一些"职业的套话"。

(3)做事情形式大于内容,比如PPT或公文写得很全面,但就是不会直指核心问题。

(4)以安全稳妥为名,不去干任何没把握的事情,不能用OKR(目标和关键成果)的本质来工作。

(5)特别敏感,总是在猜测别人是不是不喜欢自己了,或自己哪句话说错了。

(6)首先想到的是不输,而不是为了赢,因为输了会破坏形象。

太过注重别人对自己的印象，会大大减少对事情本身的关注，舍本逐末。"印象管理"用成了"伎俩"，就会走向以自我为中心，而不是以结果为导向的弯路。

如果高管成为"绣花枕头"，就会中看不中用。真高管需要的是成为"简单"的实心枕头，把实事办好，才能"高枕无忧"！

建议及忠告：

可能从"技巧"变成"伎俩"的远不止以上这三个。这三个例子只是抛砖引玉，引发大家的思考和自省。

过度使用这些技巧的人会远离简单、纯粹，远离"成事"。他们的"假动作"会越来越逼真，越来越不"本分"，离"真高管"越来越远，也不能成为一位好的创业合伙人。

如果高管团队里有几个这样的人，会大大增加整个团队的协作成本。尤其可惜的是，很多"聪明人"都在使用这些"伎俩"，把大量聪明才智都用在了转移价值、谈判价值上，而不是首先用在创造价值上。

也正是因为这种类型人员的存在，有些领导才宣称喜欢"愚直之人"，或者提倡"很傻很天真"。这种领导可能会被贴上"喜欢听话的人"的标签。

实际上，这些说法都蕴含着深刻、朴素的智慧：这些"聪明人"的使用成本实在是太高了，不仅是协作成本高，更危险的是他们往往成事不足、败事有余，因为他们的注意力没有首先放在如何成事上。

有人会说，我不是故意要这样，而是我的环境逼迫我不得不这样。

这种说法就像是:"如果可以永远当个孩子,谁愿意做成年人。"

真的是这样吗?

如果你真是"被迫"使用这几个"伎俩",那你应该考虑离开现在的环境,到一个简单一点的团队中去。优秀的团队不需要你的"伎俩",他们注重的是你那一片"简单"的诚心。如果你有上文中所描述的过度使用的现象,建议你认真地考虑调整。这些技巧本身并不是绝对错误,关键是不能过度使用。

尤其是在创业型公司的高管团队里,更要有意识地避免这些技巧的过度使用。那些技巧在成熟大公司里可能是可以被理解的"技巧",但换到了一个创业环境里,很容易就会演变成"伎俩"。

简单一点,纯粹一点,朴素一点,这样你会越来越接近智慧。

小结一下,真高管既要成为一个成年人,耐得住寂寞,也要在接受不完美的同时能够积极地追求更完美。同时,真高管也需要保留小孩子的简单,遇事不怕事,少一点伎俩,多一些真诚!

延伸阅读

1.【视频】《不够简单的人成不了真高管》

2

通过模型系统理解真高管团队

真才实学的"真"
真情真我的"真"
追求真理的"真"

前面我们用对比和白描的方式，通过提出和回答几个问题来重点解释真高管团队的真，包括：真高管团队与非高管团队对比有什么不同，为什么说真高管团队能以追求真理的基调来解决情绪问题，为什么说真高管团队里大家既是成年人又够简单。

虽然大家对真高管团队有了朦胧的轮廓概念，但是还无法对真高管团队形成一个多维、立体、系统、全面的认识。此外，仅仅知道真高管团队真在什么地方，也无法让我们对如何打造真高管团队有清晰明确的行动方向。基于多年的实践、观察和思考，首席组织官原创了一个系统整合的真高管团队模型（如图2-1所示），这个模型有七个核心要素，可以帮大家找到具体的发力点。

在本章，我们就重点向大家解释真高管团队模型及其七要素间的逻辑关系。

真高管团队模型由七个要素组成，包括：一号位、外部适应性、真高管、使命愿景价值观、共同语言、场域、复杂关系。

我们先分别给出这七个要素的解释，再针对每一个要素，又都提出了其所包含的可能的子要素，方便大家对每一个要素有更深刻的理解，以帮助大家找到打造每一个要素的抓手。

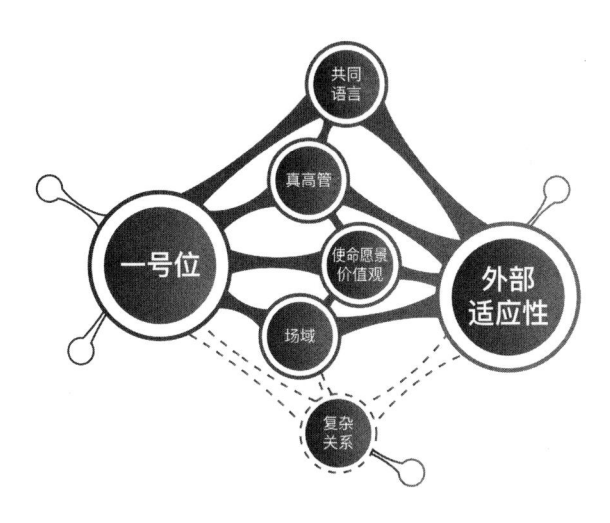

图 2-1　真高管团队模型

在此基础之上，我们再详细解释这七个要素之间存在着什么样的逻辑关系，七要素之间是如何连接和整合在一起的，以便能帮助大家更深入地理解为什么系统整合这七个要素后，真高管团队才会更有价值。

04

真高管团队模型的七个构成要素

作者：房晟陶

我们先来分别谈谈这七个要素，再来谈谈为什么要把这七个要素连接在一起构成一个系统整合的模型。

1. 一号位：你若盛开，蝴蝶自来

一号位，本是体育运动术语，是场上某个区域的编号。如在篮球中，一号位是控球后卫，是球场上拿球机会最多、掌握比赛组织进攻的人。在企业中，一号位和一把手的定义类似，指的是组织内部的最高领导人。

七个要素中，排在第一位的是一号位。一号位的自我修炼可以为真高管团队的有效性提升和组织进化带来非常大的影响。

作为一号位，可以在自己身上用力，因为一号位一个人基本上占到高管团队有效性的 50% 以上。

所以，打造真高管团队时千万不要再认为那是别人的事情了，这首先是一号位自己的事。一号位做好了，自然能够吸引同频的人。

有一句话叫作：你若盛开，蝴蝶自来。

高管团队里，很关键的一点就是一号位自己的进化能力，一号位是否能够吸引高能级的人才。

在真高管团队构成模型中，"一号位"包括的子要素有：

- 认知及学习能力；
- 慧眼识人 / 关系能力；
- 使命感 / 生命意义；
- 精力 / 生命力；
- 结构性缺位；
- 变革艺术。

2. 外部适应性：胜利先于和谐

第二个要素是大部分人在塑造高管团队时容易忽视的——外部适应性。

公司发展到一定阶段，一号位会占据非常重要的位置。唯一能够跟一号位对抗的，就是"外部适应性"。当高管团队缺少外部视角、外部适应性的时候，整个团队的氛围都会发生改变。

作为真高管团队，首先需要具备外部视角。外部适应性，对抗的就是"以一号位为中心 + 以自我为中心"。如果高管团队"以一号位为中心，以自我为中心"，那么整个组织就会"以一号位为中心，以自我为中心"。

我给大家举一个关于"一个团队的沟通氛围和外部适应性的关系"的例子。

我接触过一些华为退休的高管，他们较难相处，说话时也不会给人面子。这就是源于华为高管的外部适应性——当外部大敌当前的时候，高管之间根本没有时间把你的情绪放在第一位。

一般来讲，外部存在很强的危机以及竞争，很大程度上会影响团队氛围；如果大家因为照顾团队氛围就改变以往简单直接的沟通方式，相互之间首先照顾情绪，整个团队就很容易出问题。

从这个层面看，要想团队发展得好，就要多留意、多观察整个团队的外部适应性。

在真高管团队构成模型中，外部适应性包括的子要素有：

- 客户价值 / 外部视角；
- 危机感 / 对成功的渴望；
- 业务战略；
- 打赢 / 夺取胜利；
- 组织策略。

3. 真高管：真金不怕火炼

高管，是企业、组织内的高级经理人或高级管理团队。一般而言，他们负起公司例行公务的种种责任，也拥有来自董事会或主要股东所授予之特定的执行权力。

虽然都身处高位，但高管有真伪之分。"伪高管"有两种：第一种指的是虽然职位上已经是高管（比如 VP），但在能力和心态上还远未达到高管职位要求的那些人；第二种是在能力上虽然可以，但是高管团队关系质量比较差，发挥不出"真高管"作用。

真伪高管的一个根本差异是，真高管更善于管理"张力"。基于这一点，我们认为，真伪高管有六点核心区别：

第一，伪高管往往是局部视角（比如分公司视角、职能视角），而真高管要具有 CEO 视角（如图 2-2）。更关键的是，真高管可以管理 CEO 视角与局部视角之间的张力，而不是那种只善于与 CEO 对话但无法落地操作的人。

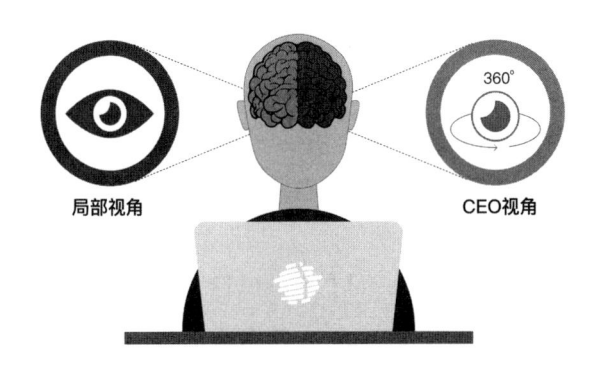

图 2-2　局部视角与 CEO 视角

第二，伪高管往往只能管人、管团队，但真高管必须能够管组织、管文化（如图 2-3）。更关键的是，真高管可以管理组织 / 文化与个人 / 团队之间的张力。以组织及文化之名，扼杀个人及团队活力的高管也不是真高管。

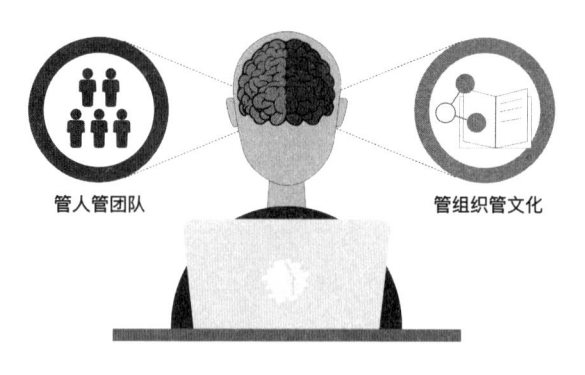

图 2-3　管人管团队与管组织管文化

第三，伪高管要么只能"从问题出发"，要么只能"以终为始"，难以管理"从问题出发"和"以终为始"之间的张力。真高管必须能够在"以终为始"和"从问题出发"这两种风格之间灵活切换，如图 2-4。

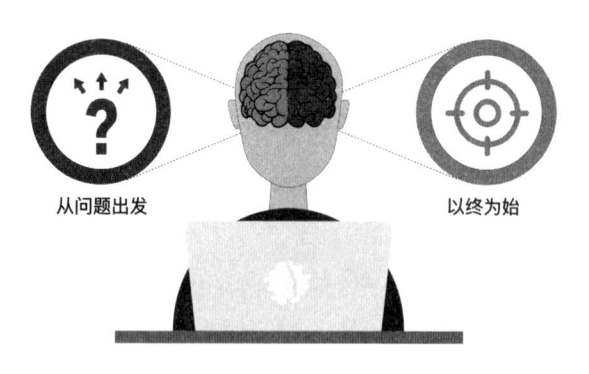

图 2-4　从问题出发与以终为始

第四，伪高管要么难以自行设立工作方向，要么不服管。

真高管要能够管理自主与服从之间的张力,如图 2-5。

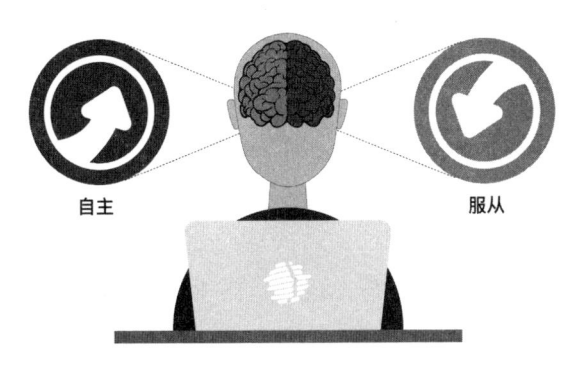

图 2-5 自主与服从

第五,伪高管可以管理项目,但真高管还需要具备建立系统的能力。更关键的是,真高管可以管理"系统"与"项目"之间的张力。只见树木容易,只见森林也容易,难的是管理树木与森林之间的张力,如图 2-6。

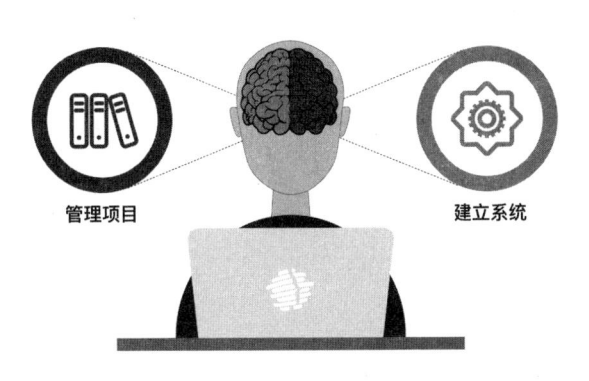

图 2-6 管理项目与建立系统

第六，伪高管往往难以处理同侪之间的张力，要么有你没我，要么就铁路警察各管一段，以地盘划分来规避矛盾。真高管要既独立，又能够相互依赖，可以与他人建立"伙伴"关系，如图 2-7。

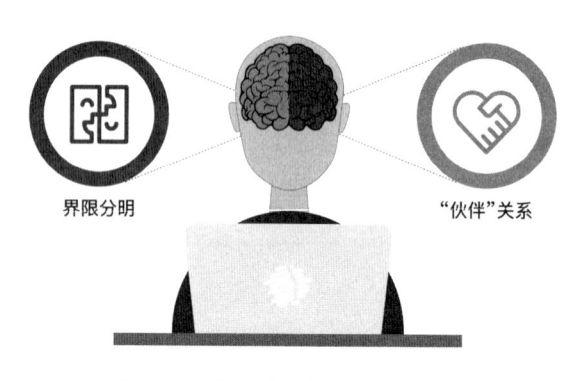

图 2-7 界限分明与"伙伴"关系

首席组织官认为，从团伙到组织的关键是能否有五六个"真高管"。（相关延伸内容可以扫描本章末的二维码，观看视频《真高管 VS 伪高管的核心区别是什么？》）

在真高管团队构成模型中，"真高管"包括的子要素有：

- 能量 / 点燃自己 / 创业精神；
- 角色感 / 成熟度 / 和而不同；
- 方向感 / 设定目标 / 战术突破；
- 战略共谋 / 协同；
- 点燃他人 / 知人善任；

- 发展组织/推动变革。

4. 使命愿景价值观：道不同不相为谋

什么是使命？就是我们存在是为了什么，要为这个世界解决什么问题。

什么是愿景？就是我们向往的未来是什么样的，我们想要创造什么。

什么是价值观？就是我们要怎样做才能符合我们的使命，并从现实一路实现我们的愿景，我们最为相信和凭借的是什么。

使命、愿景本质上来自外部适应性，要解决的是企业和世界的关系。对于企业而言，要将其变成整个组织的使命、愿景。这样下来，在内部做事阻力就会减少，大家也会拧成一股绳，劲儿往一处使。

对于一个公司的使命愿景价值观，最重要的是共创和连接。它不是创始人或一号位的个人使命愿景价值观，还包括了高管的人生召唤和生命意义以及组织的共同愿景及使命。

企业能否塑造较高层次的共同使命愿景价值观，关键在于：

- 每个人是否有清晰的个人使命愿景价值观；
- 团队是否有开放的心态拥抱差异和变化；
- 团队是否有深度汇谈的能力。

在真高管团队构成模型中，"使命愿景价值观"包括的子要素有：

- 使命愿景；
- 价值观；
- 共创／连接；
- 利益及命运共同体。

5. 共同语言：话不投机半句多

尽管高管团队人数不多，但堪称一个动态复杂社会系统。企业内尚未形成共同的思维框架，则意味着每个高管都有自己的思维框架；直接带来的后果就是高管之间难以形成有效的沟通讨论，影响决策时效。

共同语言对我们的工作沟通来说是非常重要的。他可能来自"这个大厂"，也可能来自"那个大厂"，那他到我的公司后我们的共同语言是什么，只有找到并确认下来才能更好地配合。

共同语言分三个层次：

- 第一个层次，处于词汇层面，无论是内部还是外部，大家说的话能够对得上。
- 第二个层次，表现在思维框架上，比如在文化、组织、战略方面有没有共同的思维框架。
- 第三个层次，是更底层的基本假设，一般是通过深度汇谈等方式去提高共同假设的一致性。

企业建立共同的词汇、定义、标准相对容易，难的是建立共同的思维框架、方法论以及更底层的基本假设、心智结构层次的一致。

在真高管团队构成模型中,"共同语言"包括的子要素有:

- 词汇/定义/标准;
- 思维框架/方法论;
- 心智模式/基本假设。

6. 场域:天地之大德曰生

场域,本是社会学术语,由物理学"场"发展而来。

场,在物理学中指某种空间区域,其中具有一定性质的物体能对与之不接触的类似物体施加一种力;场域,指位置间客观关系的一个网络。

《周易·系辞》中有这样一句话:"天地之大德曰生"。这句话的字面意思是,"天地之间最伟大的法则是生生不息"。也可以这样理解:整个宇宙的价值倾向就是"生",而这种本然的价值乃是今天我们与万物得以生成的根本依据。应该说,这个"生"包含了生命、生意、生成、生长、生动等使生命蓬勃的方向。

高管团队之间的场域,一般可以从三个方面去衡量:第一个是安全感和信任感;第二个是意义感和兴奋感;第三个是方向感和纪律感。

真高管团队之间形成的场域,一定要有生成性。

生成性场域,要能够有效平衡方向感和纪律感、意义感和兴奋感、安全感和信任感三方面的要求,要能够实现打造生成性环境的功能,要能够有深度汇谈。

一种场域,要判断它是不是具有生成性,包含两个方面:一是能不能生成人才,就是氛围比较滋养人的成长;二是能不能生成好的决策,战略决策也好,组织决策也好。在这里需要注意的是,一定要有外部视角,不然这个场域就不一定对了。

在真高管团队构成模型中,场域包括的子要素有:

- 生成性;
- 园丁;
- 人际连接;
- 深度汇谈。

7. 复杂关系:哀莫大于心累

提到复杂关系,一般民营企业中这个问题比较多,一个标志就是企业里有没有一群不可辞退之人,可能是夫妻关系、兄弟姐妹关系等,这些人往往会影响到一号位。

如果你要建立一个有竞争力的高管团队,这些复杂关系就必须处理好,不然真正的人才不愿意蹚这趟浑水。

在真高管团队构成模型中,复杂关系包括的子要素有:

- 特别关系;
- 不可讨论之事。

05

七个构成要素的链接和整合

作者：房晟陶

前边我们分别介绍了七个构成要素，但需要指出的是，既然是一个模型，这七个构成要素就不是单独存在的，而是存在链接和整合关系。相比单个要素，七个要素之间关系的链接和整合，更有价值。

首席组织官一直提倡以系统和整合的视角分析和解决问题。下面，我们就来谈谈，为什么要把这七个因素链接和整合在一起。

一言以蔽之，这是因为我们发现很多时候单独拿出其中一个要素去谈对真高管团队作用不大。

高管团队尽管人数不多，但它堪称一个动态复杂的社会系统。

很多问题都是互相关联、相互影响，牵一发而动全身的。比如，一个没有能力与高能级人才建立深度工作关系的一号位，可能导致高管团队中难以有与之可以战略共谋的高管存活，也可能导致高管团队成员在一起时难以说真话做真我。又比如，如果高管团队中有令人烦恼的复杂关系，不仅会导致高管团队成员在一起时难以说真话做真我，导致使命愿景价值观失能，还会导致高管团队成员之间无法超越一己之私、一己之念，做到和而不同。

无论是一号位、高管本人，还是中基层管理者，如果缺乏了动态复杂的社会系统的视角去看待高管团队，往往容易简单归因，就会经常出现怒其不争的戾气、怨天尤人的消极以及貌似快刀斩乱麻的躁动和盲动。

如何处理分析和解决高管团队这种动态复杂的社会系统问题呢？对于高管团队的任何挑战，虽然难有标准答案，但我们可以有相对统一的思维框架。

有了真高管团队模型的思维框架，我们在诊断高管团队的问题时，更能够看到的不再只是一个点，而是几个有联系的点，以及相互代偿的机会。

实际情况中，解决高管团队的问题一般情况都无法从最明显的问题直接去下手，反而要从另外一个要素（代偿）去发力。比如，一个高管团队最明显的问题看起来是一号位难以和高能级人才建立深度工作关系，但是如果这个一号位对外部竞争非常关注（外部适应性），就可以在这一点上更多发力。其他高管在和一号位共同工作时，要更多通过外部环境分析、列举竞争对手举措等方式和一号位有效地实现战略共谋。在动态复杂的社会系统中，这种曲线救国的方法反而是最短路径。再如，一号位的思维极其不系统，都是点状的，就可以用多引入共同语言（比如组织模型）去代偿，而不是直接作用于一号位的系统思考能力（比如让其去重上一遍大学）。

以每个公司都会遇到的高管招聘及融入的问题为例，让我们从"真高管团队框架"出发，一起思考一下：我们可以从哪些方面努力，才能使高管外聘进来后比较容易存活下去？

有人说"使命、愿景、价值观"，对于这一点，要在一开始就统一起来。你还要判断他的使命愿景价值观和你之间的连接是什么。在大家持有共同的使命愿景价值观时，去改变点什么，阻力会相对减小。还有共同语言，语言统一才能更好地沟通交流，有利于解决问题，加强协作。要让外聘高管能够存活，包容性是场域的一个好的特征，但光有包容也是不行的。我们在招聘高管时，如果不从外部适应性角度考虑公司下一步发展过程中有哪些战略性能力要求，那外聘的高管在战略上就没有定位，这样一来，这些高管进来当然不容易存活。但如果有战略性的定位，你会发现他进来后大家都希望他成功，因为"你成功我们公司才可以成功"。所以，对于处理高管团队的事情，包括外聘高管，外部适应性这个视角至关重要。

我们再用这个真高管团队模型，来看看高管之间如果发生冲突可以从哪些方面入手去解决。

共同语言是一个方面。大家说话的方式不一样，就容易引发矛盾。可以引入共同的思维框架，比如谈战略的框架、人才的框架等。使命愿景价值观，也是一个化解冲突的重要方面。如果大家之间有共同的使命愿景价值观作为连接，对于短期的不同意见也就不会太在意。还有一个是我要着重提的——外部危机。当外部有敌人的时候内部最容易团结,所以在平时一定要适时创造危机,培养大家的团结力。除了以上几个,一号位也可以作为化解矛盾冲突的突破口。在一枝独秀团队中,一号位就是解决所有问题的核心。很多时候矛盾就是因为复杂关系而产生的,所以,去除复杂关系也是解决团队内部矛盾和张力的方式。

最后,我们给大家提供7+1个问题(如表2-1所示),帮助大家知道自己所在的高管团队是不是"真高管团队"。或者说,你的高管团队离"真高管团队"还有多远。

表2-1 判断真高管团队与否的7+1个关键问题

7+1个关键问题(单选)
1.高管团队的一号位是否有能力与高能级人才建立深度工作关系? □是　　　　□否
2.团队是否高度关注外部客户及竞争,而不是以一号位或以自我为中心? □是　　　　□否
3.使命愿景价值观是否能帮助高管团队成员之间超越一己之私、一己之念? □是　　　　□否
4.团队中是否有2位以上高管能与一号位进行战略共谋并能领导相应变革? □是　　　　□否
5.高管团队成员在一起时是否可以说真话,做真我? □是　　　　□否
6.高管团队在战略、组织、人才、文化等方面是否有相对统一的思维框架?(单选) □是　　　　□否

续表

7+1 个关键问题（单选）
7.团队是否遏制或去除了让高管无法正常发挥的复杂关系？（单选） □是　　　　□否
8.综合问题：这个高管团队是否是个善于团队学习，能把弯路走好的创业团队？（单选） □是　　　　□否

第1至7个问题分别对应首席组织官真高管团队模型的7个要素：一号位、外部适应性、使命愿景价值观、真高管、场域、共同语言、复杂关系。最后一个问题是个综合问题，对应首席组织官对真高管团队的综合定义。

这7+1个问题，你有几个回答了"是"，几个回答了"否"？可以根据回答是和否的个数，把你的高管团队分成以下几个级别（如表2-2所示）。

表2-2　真高管团队的级别

级别	"是"的个数	"否"的个数
S级真高管团队	8	0
A级真高管团队	6—7	2—1
B级高管团队	4—5	4—3
C级高管团队	2—3	6—5
D级高管团队	0—1	8—7

用这个标准来衡量、判断你的高管团队属于哪一级：是战无不胜、所向披靡的S级真高管团队，还是令人羡慕嫉妒恨的A级真高管团队？B级高管团队距离真高管团队还有很大距离，

045

如果能改进一两点也能产生质的飞跃。C级高管团队一般是很痛苦的，但也不是完全没有机会。如果是D级的团队，我们就只能祝你好运了。

对于以上7+1个关键问题中的任何一个，如果你回答的是"否"，你可能就已经找到了该团队的初步症结所在。

延伸阅读

2.【视频】《真高管 VS 伪高管的核心区别是什么？》

3

一号位：你若盛开，蝴蝶自来

真才实学的"真"
真情真我的"真"
追求真理的"真"

第1章，我们通过重点解释真高管团队的真，揭开了真高管团队的面纱，让大家对真高管团队初步建立了一个轮廓般的认识。第2章，我们把首席组织官原创的真高管团队模型及其七个要素之间的逻辑关系，给大家做了解释，让大家对真高管团队有了更加丰富、立体、系统的认识。

从本章开始，我们会把真高管团队模型一瓣一瓣剥开，逐个对七个要素进行重点解读。

一号位，是打造真高管团队的第一要素。那么，对于一号位自身，在打造真高管团队的过程中，应该有哪些认知和行动上的提升和进化呢？

首先，我们从一号位对组织的认识谈起。一号位如何理解组织，决定了组织发展的上限，这部分我们把一号位应该对组织建立什么样的认识介绍给大家。

其次，我们回到一号位自身，看一看一号位自身可以在哪些地方实现自我提升和进化。

我们认为，一号位的关键进化，就是要实现从将才到帅才的进化。我们给出将才和帅才的主要区别，帮助一号位在从将才向帅才进化的过程中，做到有的放矢。在进化的过程中，还要能够去平衡好勇气和谦卑。并且，除了做好自己之外，一号位还要善于去搭配高管团队的核心球员和角色球员，这是打造真高管团队和组织竞争力的关键。

最后，我们通过一个工作场景的举例，来对一号位在行为表现上提出一点要求，就是要善于最后发言。

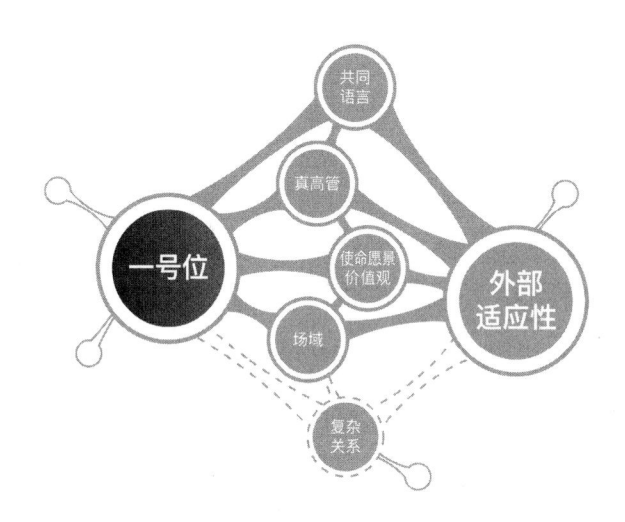

06 一号位的组织想象决定了组织的上限

作者：房晟陶

"组织想象"这个词，经常在首席组织官中被提到。这次我们就简单谈谈什么是组织想象以及它为什么重要。

— 1 —

一个公司的一号位，会在以下这六个方面有意、无意地用力。

- 以**温暖**提高员工归属感，以期得到承诺及投入；
- 以**赋能**提高员工能力及自信，以期得到绩效及品质；
- 以**纪律**促进协同一致，以期得到高效执行和秩序；
- 以**赋权**保护勇气，以期得到企业家精神的土壤；
- 以**竞争**激发和检验勇气及能力，以期得到突破及创新；
- 以**激励**提供认可，调动欲望，以期持续得到想得到的东西。

注意，这里的激励主要指的是升官发财这种外在激励。其他五项，每项之中都有相当大的内在激励成分。

— 2 —

温暖、赋能、纪律、赋权、竞争、激励这六个要素，你所在的公司如何排序及组合？

这种排序及组合与一号位个人的理念及价值观有什么关系？一号位表面上所重视的和公司实际的情况有什么差距？

对这些要素的排序及组合，就构成了一个人的组织想象，如图3-1。当然，这六个肯定没有穷尽所有，肯定还有其他的X要素。

用一个公式来表述，**组织想象** = f（温暖，赋能，纪律，赋权，竞争，激励，X）。

图3-1 组织想象

不同的组织想象，即不同的排序及组合，有没有对错之分？

应该说，没有严格的对错之分。

但是，不同的组织想象，适合的情况会不一样，其所决定的组织的上限不一样。

— 3 —

我们用公司发展阶段来进一步理解六个要素。

- 小公司，要善用温暖；
- 从小变大，挑战在于赋能，但不能缺乏纪律；
- 大公司，要学会赋权 + 竞争；
- 激励，贯穿在各个阶段。

公司小的时候，命运和前途处于风雨飘摇之中，吸引人、保留人的资源也不多，用心对人是一个重要的手段。愿意跟着你混，更多是认同你这个人（创始人、联合创始人）；如果对你这个人不够认同，哪里来的承诺和投入？同时，因为公司小，温暖也有条件实现：所有人都认识所有人。

在公司小的时候，有些公司选择温暖大于激励，有些公司选择激励大于温暖。

公司从小变大的过程中，光有温暖是远远不够的，能力很重要。不然，即使有机会也抓不住。比如，在这个阶段，一号位的慧眼识人能力就是一个公司高杠杆的竞争力。

当然，从小变大的过程中，没有"纪律"也是不行的。对于"能力"要求不高的行业或者竞争阶段，"纪律"甚至会比"赋能"更重要。

同样，公司在从小变大的过程中，有些公司选择赋能、纪律大于激励，有些公司选择激励大于赋能、纪律。在这个阶段，如何处理温暖是个挑战。很多公司会从温暖型变成纪律型，结果初期的很多人觉得不太适应，就离开了。

大公司，已经建立了基本的行业地位，有了基本的能力和纪律，吸引到基本面不错的员工已经不是挑战。公司也建立了各种机制，以保证员工对战略方向的承诺及投入（比如OKR、KPI、绩效管理及奖金等）。

组织方面的挑战变成了：如何源源不断地产生有企业家精神的人才？即如何源源不断地产生"真高管"？

想要源源不断地产生真高管，只靠一号位的慧眼识人是不够的。一个大公司必须建立一整套机制，让"真高管"源源不断地产生。

但是，我们必须认识到，不管建立什么样的机制，总是会有人剩下来。剩者为王、逆向淘汰是非常容易自然发生的事情。

所以，更关键的是机制背后的目标、理念和价值观：如何让那些有企业家精神的"真高管"剩下来？

温暖？赋能？纪律？再加上激励，这些能产生企业家精神吗？

这些还不够。

我认为赋权和竞争更重要。

为什么赋权很重要？**因为赋权可以保护勇气，而勇气是企业家精神的基础。**

勇气是比自信更难得的一种品质。能力经常能带来自信，但是能力并不能带来勇气。

什么是赋权？我认为"不侵犯他人权利"是对赋权的最佳定义。给权不是赋权，因为是给的就可以拿回来；捍卫别人的权利是赋权；参与、表达、透明是赋权；法治是赋权，法无禁止即许可就是赋权；对生态合作伙伴的契约精神是赋权。

当然，赋权也给勇气界定了边界，你的勇气不能损害别人的权利。不然，所谓的勇气就成了戾气：那种敢于伤害他人的戾气。

但是，光有赋权保护勇气是不够的。我们还需要通过竞争来进一步激发和检验勇气以及能力。没有突破和创新，怎么证明你真有勇气和能力？

于是，赋权+竞争就保护、激发和检验了企业家精神。当然，还需要用激励来进一步认可、回报企业家精神。

— 4 —

有一种情况是需要六个要素都很强的，那就是当一个中大型公司遇到生存挑战时。

如果你去观察的话，当遇到生存挑战时，纪律、赋权、竞争、赋能、温暖、激励这六个方面就是领导们轮流强调的重点：说到对外问题时强调竞争、纪律，说到对内管理时强调赋权和赋能，谈到员工感受时强调温暖，谈到行动目标时经常要强调激励（重赏之下必有勇夫）。

目前，有很多中大型公司都遇到了前所未有的生存挑战。

在应对生存挑战时，企业中高层的勇气和承诺是翻身的关键。

但是，勇气和承诺不是靠号召、打鸡血、激励（重赏）就能迅速得到的。

一个公司，要想做强做大做久，必须在市场情况好的时候就在组织管理中平衡赋权与纪律、温暖与竞争。比如，如果平时只强调纪律，不强调赋权，中高层的勇气就会被系统性地扼杀；如果只强调温暖，不强调竞争，那就很容易成为不问绩效、不论对错的"家文化"。

如何实现平衡？核心是赋能：用赋能来平衡赋权和纪律，用赋能来平衡温暖与竞争。

如果用激励作为支点，短时间内会更有效，但经不起时间的检验。

能力就是勇气和承诺的支点；赋能是一个组织需要长期持续投资的重点。

只有这样，当公司面临生存挑战时，才会得到真正的勇气和承诺。

如果一号位没有这样的认识高度和组织想象，没有在平时就做好这样排序和组合，遇到生存挑战的时候只能是悔之晚矣。

从这个角度讲，一号位的组织想象决定了一个公司的上限。

— 5 —

一个人，为什么会非常相信某个要素的力量？相信的背后是什么？

温暖，背后的精神实质是仁爱精神；

赋能，背后的精神实质是求知精神；

纪律，背后的精神实质是生存意志；

赋权，背后的精神实质是信仰精神及平等精神；

竞争，背后的精神实质类似于权力意志；

激励，背后的精神实质类似于"力比多"（人的本能）。

这六个要素是不是相互冲突的？是不是相信了这个就没法相信那个？

不是的。六个要素之间肯定是有张力的，但是，它们之间完全是可以形成高强度的平衡的。

优秀的一号位，能够在这些看似冲突的要素之间实现高强度的平衡。这种平衡的强度决定了组织的上限。（相关延伸内容可以扫描本章末的二维码，观看视频《什么是"美好组织"？如何创作"美好组织"？》）

07

一号位需要从将才进化到帅才

作者：房晟陶

上文我们指出，一号位的组织想象决定了组织的上限。一号位对组织来说是如此重要，那么什么样的一号位才是一个合格乃至优秀的一号位呢？

合格乃至优秀的一号位，需要从将才进化成帅才。那将才和帅才到底有何区别？

有人说帅才主要负责决定做什么（what），将才主要负责决定怎么做（how）。这很像我们通俗所说的领导者（leader）和管理者（manager）的区别：领导是做正确的事情，管理是把事情做正确。

我认为这种说法没有触及将才和帅才的根本区别。如果一个公司的一号位（比如创始人董事长兼一号位）以这种认知来指导自己的工作，在公司不大的时候是可以的。但公司大到一定程度之后（比如，千亿市值以上、万人以上、多业务了），这种认知不仅是有误导的，而且是危险的。比如，在一个大公司内，非一号位的高管（比如 CXO、高级副总裁、事业群/事业部总经理等）也有很大责任和能力去决定做什么/what，不仅是怎么做/how。这些人也是领导者，而不只是管理者。但是，这些领导者高管仍然还不是帅才，而是将才。

对将才和帅才的根本区别这个问题没有清醒的认知，从将才到帅才的进化就会没有正确的方向。

我认为，将才和帅才的根本区别在于**将才管战略，帅才管思想+战略**，如图 3-2。

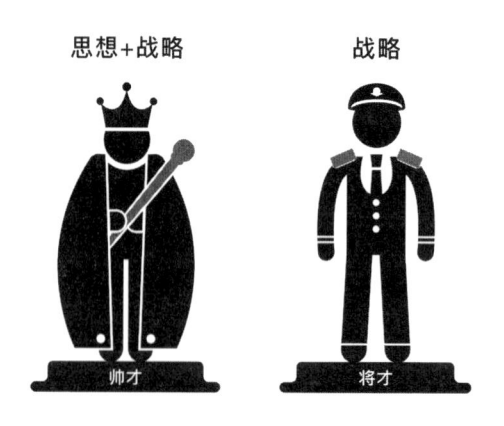

图 3-2 帅才与将才

对于一个企业来说，思想指的是什么？简而言之，**思想指的就是基本假设和使命愿景价值观**。

有些人可能会说，你说的基本假设和使命愿景价值观不就是文化吗？不是。思想要比文化丰富得多。比如，思想里包括了很多与所从事的事业相关的内容，用文化来代替思想容易把这部分内容忽略掉。

基本假设和使命愿景价值观是战略的基础和前提，因为它们回答了为什么以及大方向的问题。为什么/why及大方向比做什么/what和怎么做/how，对一个大组织来说更加重要。

如果一号位重点管战略，忽视管理思想，可能会有什么后果？

如果一号位不管"为什么"，这个公司里就没有其他人可以管"为什么"。所以，整个组织就没有了"为什么"。一大群不知道自己"为什么"的人才，即使再优秀，也不会成为一个优秀的组织，也不会塑造优秀的文化。

涉及一个大组织顶层设计的事，绝不仅仅是一个战略的事，一定需要思想。没有思想，顶层设计这件事干不好，而且一直会被刻意回避，主要领导人之间也会相互甩锅。

只管战略，一号位很容易把其他高管（比如CXO、高级副总裁、事业群/事业部总经理等）逐渐定位为"执行者""高级打工仔"的角色。这种定位吸引和保留不了高能级的"将才"，因为别的组织会给他们提供更有竞争力的"战略性工作"的机会。

没有一群高能级的将才，下一代的一号位如何产生？可以说，只管战略，不管思想，对一号位来说，甚至是一种"断子绝孙"的打法。

在多业务之下，只管战略不管思想，一号位（比如集团董事长兼一号位）很容易找不到自己的发力点，就会在战略上对自己不懂的业务指手画脚。这种做法经常是帮倒忙，搞得事业群/事业部层面的领导人无所适从。

一号位只重视战略，就会倾向于排斥思想以及有思想的人。思想逐渐会被视为阻碍和敌人。不能容纳不同思想的组织，在创新上一定会遇到挑战。

管了思想，就可以不管战略吗？绝对不是。帅才必须管思想+战略。很多人很有思想，但是只有思想，那是谋士和幕僚，不是帅才。帅才必须是思想+战略。

我们必须意识到，战略即做什么/what和怎么做/how，对一个中等规模公司来说，确实是更重要和紧迫的。也就是说，在中等规模下，将才型、战略型的领导风格非常可能比帅才型更加适合。如果规模再小的话，校才和尉才甚至比将才都更加适合。

这样的发展规律正是大公司产生将才承担帅位的重要原因：将才经常是一个公司从中发展到大的路径。可是，当公司发展到大之后，这个上一阶段的成功路径很可能就变成了新阶段的挑战。

这就意味着，这样规模的大公司要想进一步发展，它的一号位必须实现从将才到帅才的进化。实现不了这样的进化，长期将才承担帅位（对很多公司来说甚至是校才承担帅位），公司的发展必然受限。而且，在绝大部分情况下，这样的帅位（比如创始人董事长兼一号位）没有任何结构性的权力制衡，他干得不好也没有什么方式换。于是，在激烈的市场竞争中，不进则退或者溃败的事情就很容易发生了。

从将才到帅才的进化是可能吗？会不会是天生的？

首先将才肯定不是天生的。我们可以找到无数的从士兵到尉官到校官到将官的例子。另外，将才也必须经过校才、尉才阶段的培养。比如，管人、管动作是校才、尉才的典型工作方式。没有经过管人、管动作的训练，直接就去做那些管战略的将才的事，听起来都不靠谱。"宰相必起于州部，猛将必发于卒伍"说的就是这个道理。

那么帅才是天生的吗？我们认为也不是。没经过管人、管战略的足够训练，也管不了思想，甚至都理解不了管思想这件事的重要性。可以说，管思想就是管战略和管人的升级版。当组织规模足够大之后，管思想就成了比管战略、管人更高效的手段。

还有，创始人董事长兼一号位的这个职位虽然本身是帅位，但在帅位上的人也不一定是帅才。这些创业者给自己创造了帅位，于是有了更多的练习机会。但是，他们也得经过从尉到校到将到帅的自我训练。这个过程中，有天赋的人肯定会进化得快一些。但是，没有实践的充分训练和检验，即使有帅才的天赋也转化不成帅才。

有些人会问，你说帅才要管思想+战略，会不会有人就根本没有思想？这种现象是不可能的。每个人都有自己的思想，都有自己的世界观，你想隐藏都隐藏不了。比如，很多创始人董事长兼一号位对人的假设是经济人，这种假设对于他吸引什么样的人、用什么去激励人、与人建立什么样的关系就有直接的影响。

另外，创始人董事长兼一号位不能成为真正的帅才，客观上也有将才供应不足的原因（内部、外部都供应不足）。所以，建立一个能培养将才及帅才候选人的人才选育用留系统[①]也是一号位真正成为帅才的必经之路。如果这个系统只能培养校才，则一号位顶多就能当个将才。

可以说，尽管一个公司的帅位只有一个，但是整个公司的人才选育用留系统的首要目标就是要能培养出帅才候选人，并在此过程中顺便培养很多将才。很多公司的人才选育用留系统在规划的时候就没有这个思想高度。从人才选育用留系统的专业设计角度看，要培养帅才候选人，必须深刻理解帅才的标准，并把它应用于职业序列及等级体系、招聘体系、培训体系、个人绩效管理体系、任用发展体系等各个环节。

---

① 人才选育用留系统：是首席组织官提出的十大组织系统的其中一个。其功能和目标是：找到、吸引、培育、保留适合企业发展阶段的人才；高效转化及融入；将人才配置到合适的岗位（合适的人做合适的事）；有竞争力的中层人才源源不断地产生；有竞争力的高层人才源源不断地产生；不适合的人适时离开。

08

一号位要能够平衡勇气和谦卑

作者：房晟陶

上文我们提到，一号位需要兼顾思想与战略，才能从将才进化成帅才，本文我们来重点谈一下一号位如何才能管好战略。

面对外部环境，选择和制定什么样的目标和战略，是每个一号位和高管团队都要面临的挑战。

在选择和制定的过程中，信息如何收集、如何分析评判、如何研讨、如何抉择，这些动作既需要专业也需要纪律。然而，在这些专业性、纪律性的动作背后，还有一项更根本的要素：一号位（及高管团队）的"心态"。具体来说，就是一号位（及高管团队）能否平衡勇气和谦卑。

对于由创始人亲自担当一号位的公司来说，这个要素不仅更根本，而且经常是致命的。一号位在一段时间当中的心态失衡，也就是勇气和谦卑的失衡，就可能会导致公司几年的战略被动。

如何区分勇气和谦卑的平衡状态？

我们可以把它分为五个状态（如表3-1所示）：

（1）谦卑过度；

（2）谦卑有余，勇气不足；

（3）勇气与谦卑的平衡；

（4）勇气有余，谦卑不足；

（5）勇气过度。

表 3-1 平衡勇气和谦卑的五个状态

谦卑过度	谦卑有余，勇气不足	勇气与谦卑的平衡	勇气有余，谦卑不足	勇气过度
受害者	患得患失，不敢采取行动	宁静的心灵	缺乏敬畏，鲁莽行动	自大自恋
依赖他人	失去目标与激情	安全感	任性、不节制	孤家寡人
丧失自我	经验主义，只相信自己做过见过的事情	自信而开放	不尊重经验，听不进别人的意见	孤魂野鬼
毫无意义	过于在乎他人的评价	真实及真诚	不在乎他人的感觉	目无尊长
无声无息地死亡	不能接受自己的错误	独立而又能相互依赖	不承认自己的错误	有可能暴亡
	限于内疚感，不善于翻篇	长中短期平衡	伤害他人而不自知	
	有朋友但不一定有跟随者	有节制的激情	有跟随者但不一定有朋友	
	一团和气但难以表达独立意见	德才兼备	不同观点难以求同存异	
	重德而不够重视才	过去、现在与未来的平衡	重才而不够重视德	

续表

谦卑过度	谦卑有余，勇气不足	勇气与谦卑的平衡	勇气有余，谦卑不足	勇气过度
	不敢对人做出判断	持续稳健的发展	对人做出早熟的判断	
	重视苦劳，忽视功劳	敢于面对惨淡的人生	重视功劳，忽视苦劳	
	可能失去企业家精神		可能失去研究精神	
	容易抓不住机会		容易走向机会主义	
	活在过去，不敢于突破		活在未来，容易冒进	
	不敢于以终为始	既能以终为始，又能从问题出发	不善于从问题出发	
	组织慢慢衰落		组织容易迅速崩溃	
	不敢于打破现有平衡	敢于打破现有平衡	不善于建立新的平衡	

什么样的事情会导致勇气和谦卑的失衡？

有很多非专业、非技术的因素。

比如，攀比。隔壁老王都做得那么大、那么快，我为什么不行？再比如，一号位被信息过滤，受到下属高管的普遍吹捧。本来自己还没有那么自信，现在感觉不自信都不行了，不自信都对不起这个时代。类似这些因素就很容易导致"勇气有余，谦卑不足"。

很多导致"谦卑有余，勇气不足"的也都不是专业、技术因素。

比如，一号位最信任、最亲密的几个高管的格局、视野不够。再比如，公司治理的状况导致一号位把人际感情放在远比公司发展重要的位置，宁愿不发展也不能伤害了感情。

注意，绝大部分人都不会出现谦卑过度，或者勇气过度的情况，那些情况都比较极端。所以，对一号位（及高管）修炼自己、警醒自己比较有实际作用的反而是"谦卑有余，勇气不足"以及"勇气有余，谦卑不足"这两个状态。

当你用这两个状态的描述去评价一号位及高管团队，如果出现了很多可以适用的行为描述（比如，大量出现"勇气有余，谦卑不足"的行为），那这就是值得警惕的时候。

注意，"谦卑有余，勇气不足"与"勇气有余，谦卑不足"这两个状态中的行为描述是一一对应的。你可以对照这些行为，对一号位（及高管团队）进行评价，看看目前的平衡状态是怎样的。注意，在一对组合中，你必须做出总体判断，看看总体上更偏向于哪一方，而不是说我两者都要有一点。在实际情况中，确实有可能是两者都有一点，比如对某类事有点鲁莽，对另外的一些事有点患得患失。但是，你仍然得做出一个总体倾向性的选择。（注意：有些人会认为这两者之间的关系更像是阴阳太极，你中有我我中有你的关系。这种描述说法可能更准确，但容易陷入相对主义，不利于激发思考和行动。）

中间状态的勇气和谦卑的平衡，并不是看破红尘，不是佛系，也不是心如止水，而是强烈的勇气与深刻的谦卑之间的平衡。

有些时候，有些一号位（及高管团队）看似也有勇气和谦卑的平衡的一些行为（比如看起来心灵比较宁静），但那是基于既不强烈的勇气，也不深刻的谦卑之间的低水平的平衡。这种平衡并不是我们所提倡和推崇的。

还有，当我们用平衡这个词的时候，我们就会面对一个实际问题：所有的平衡都是动态的。比如，一个创始人在公司小的时候，是比较容易实现勇气和谦卑的平衡的。但是，当公司大了、上市了，个人已经被广泛认为是成功了，这个时候，继续保持平衡就更难了。再比如，做自己比较擅长的事情，是容易获得平衡的。但当一个人进入一个新的领域的时候，可能就不容易获得平衡。

这也就意味着，要想实现更高水平的平衡，就需要阶段性地打破现有水平的平衡。于是，一个人就会阶段性地出现"勇气有余，谦卑不足"或者"谦卑有余，勇气不足"的状态。在那种相对不平衡的状态里，个人会获得外部世界的反馈，能力上得到不断提升，然后，又逐渐过渡到了下一个比较平衡的状态。

可以说，敢不敢于打破现有平衡，也需要勇气和谦卑的平衡。那些不敢打破现有平衡的一号位（及高管团队），实际上本身已经是谦卑有余，勇气不足了。

可以说，一号位（及高管团队）能否保持勇气和谦卑的动态平衡，是一个公司战略能力的基础和前提。如果在这个方面出现了问题，所有其他战略管理的专业、技术动作都很难去扭转。一个能动态地保持勇气和谦卑的平衡的高管团队，才有可能成为一个真高管团队。

09
一号位要善于搭配核心球员和角色球员

作者：房晟陶

对于组织来说，一号位需要兼顾思想+战略。而在创建并管理高管团队的过程中，一号位更需要学会如何搭配高管团队内部的成员。因此，接下来，我们来聊聊一号位如何搭配高管团队成员。

以一个体育运动队做类比的话，一个高管团队主要由以下四类人员组成：

- 一号位/领头人；
- 几个核心球员；
- 一些角色球员；
- 一些混混。

这四类人员的配比，会直接影响一个高管团队的效能及状态。

一号位/领头人的角色大家都容易理解。在企业里,创始人/一号位就是这个角色。一号位/领头人是核心球员中的核心。如果一号位/领头人就是一个角色球员的水平的话,这个队肯定走不远。

核心球员是指那些自带战术体系,能够扭转战局的人。这样的高管来了,团队得为这样的球员修订战术,改变打法。如果团队没有2—3个核心球员,这个团队的基本面就很不稳定,就像俗话说的"一个好汉三个帮"一样。但一号位/领头人是否有能力和心胸与这样的核心球员合作是个关键难点。

假如绝大部分高管都是自带战术体系的核心球员,就像全明星球队一样,这种团队很难高效运转。每个人都需要球权,都想让团队按照适合自己的战术体系来打,而且都希望自己站在聚光灯下。结果,一群核心球员就可能变成了一群高能的混混。

如果混混占据了很大比例,那么核心球员就容易愤而离开,而角色球员们很容易被他们拉下水。到最后,一号位/领头人也可能会被吞噬。

能否成为一个真高管团队,关键就看一号位/领头人能否与2—3个自带战术体系的核心球员之间产生化学反应。如果这3—4个人之间能有化学反应,整个高管团队的基本面就建立了。

剩下的就是角色球员及混混的生存空间。

不同的核心球员所需要的角色球员的类型也是不一样的。换了一个新的核心球员,很多角色球员也得跟着换。

混混当然越少越好，不过也不能绝对避免。就像在任何一个村庄里，总会有几个二流子。而且，混混也有价值，比如可以带来一些快乐、润滑、外部信息，甚至创新。另外，混混偶尔也能客串一下角色球员。

一个高管团队里是否应该有2—3个核心球员？

我相信绝大部分人都会认为应该有。如果一个团队主要是一个厉害的一号位/领头人加上一帮角色球员组成，这种团队的一号位/领头人会很累，遇到有2—3个核心球员的强劲对手就会被拖垮。

那高管团队要不要主动设计"角色球员"的存在呢？这个问题就不那么容易回答了。

角色球员的优点都有哪些？

（1）他们不会占据大量球权，容易与核心球员、一号位/领头人合作。

（2）他们经常具有战术上的勤奋，甚至"打硬仗，结呆寨"，干一些脏活累活。战略与战术是相辅相成的。很多时候，在战术上的一个小突破，就有可能会给战略打开空间。

（3）一些角色球员是可以信赖的愚直之人，真正相信公司的使命愿景和战略。

（4）成本也比核心球员低。

那么，角色球员容易有的局限性是什么？

（1）角色球员很难在使命、愿景、战略层面主动扩大一号位/领头人的边界，制衡一号位/领头人的缺陷。

（2）角色球员经常镇不住混混。

（3）有些角色球员，想打核心（在这个团队是角色球员，到了另外一个团队就会有机会打核心，就像很多核心球员想去当一号位一样），所以心思可能不定。

基于以上优缺点分析，你认为高管团队是否应该主动设计角色球员的存在？

从理念上来说，应该是允许，甚至应该是去主动设计的。

但是，这个世界不是我们想得到什么就得到什么。

公司比较小的时候，高管团队大概率就是以角色球员为主的：1—2个核心球员，加上一帮角色球员。而且，在这个阶段，一号位在更多时候更像一名核心球员，而不是真正意义上的一号位。

公司有了一定规模之后，就有可能建立前面所描述的那种四类高管都有的高管团队了：一个名正言顺的一号位/领头人，2—3个自带战术体系的核心球员，一些角色球员，还有一帮混混。

当这四类高管比较平衡的时候，这个高管团队往往会是业绩与快乐比较平衡的阶段，也会比较活色生香。比如，以下的这些现象你是否体会过：

- 老大（一号位）欺负老三（核心），老三（核心）拿老六（混混）、老八（角色）出气；
- 老六（混混）戏弄老八（角色），被老大（一号位）收拾；

- 老六（混混）到老大（一号位）那儿打老三（核心）的小报告，被老二（核心）、老三（核心）两个人联合起来一顿暴揍；
- 老二（核心）叛逃，老大（一号位）怒不可遏，以老八（角色）取代老二（核心）的位置；等等。

这和由一群大猩猩组成的社群也差不多。

当公司发展成一个大公司，甚至成为集团化公司，情况又变了。

想想一个单业务大公司或多业务的集团化公司，高管动辄30人以上。在这个规模下，用"高管群"而不是"高管团队"来描述更合适。

对单业务大公司来说，绝大部分都得是核心球员：每个高管都是掌管一个区域、分公司，或职能的大佬，每个高管都很重要。这种高管团队已经从中等规模公司的那种"篮球队"变成了"足球队"了。足球队里当然还会有明星球员，但一两个核心球员就能主宰比赛的现象，在足球场上还是比较难实现的（篮球队还是有可能一两个明星球员就主宰比赛的）。

而对于多业务的集团化公司来说，在高管群里，大部分人都是一号位类型的核心球员：你是这个事业部的GM，我是那个事业部的总经理，他是集团某个职能的SVP。

由一帮一号位类型的核心球员组成的高管群是什么氛围？你可以展开想象。

- 聚到一起的时候，表面上可以很欢快，像是全明星周末一样；
- 但是，谈起正事来很可能是相当沉闷，杀机四伏，暗流涌动；
- 甚至，都很难找到大部分人感兴趣的共同话题。很多重要的讨论和决策，只能由随机形成的议题小组谋划于密室；
- 春秋五霸，战国七雄，此一时，彼一时；
- 每个人都在想着把别人变成角色球员；
- 都想着尽快回到自己感觉舒适的领地去，回去当比较舒适的老大。

可以说，到了这个阶段，团队里面已经没有角色球员了。

或者，我们可以说，每个高管都变成角色球员了，包括一号位/领头人。那些习惯了自己是核心球员，或者是一号位/领头人的高管，在这个高管群里经常会感觉到不自在。

在这种高管群体里，如果引导得不好的话，每个高管都有变成混混的压力：

- 没有人有可能被别人真正了解；
- 也没有人有精力去真正了解和鉴别其他人；
- 每个人都认为别人戴着面具；
- 真正的人际信任很难建立；
- 职业早期建立的人际了解和信任就成为关键，拉帮结派就成为一种自然的现象；等等。

于是，在这种群体里，至少在表面的人际关系处理中，混混的状态反而是最容易如鱼得水的。

回到我们前面问的问题：你认为高管团队是否应该主动设计角色球员的存在？

这个真不是我们想要什么就会得到什么的。就像你想得到2—3个核心球员，也不是想得到就能得到的。而且，即使得到了，一号位/领头人与这2—3个核心球员之间能否产生化学反应，也是需要进一步的努力和运气的。

现在，请把自己拉回到你的职场现实里来。

你在高管团队里，究竟是个一号位/领头人、角色球员、核心球员，还是个混混（如图3-3）？

或者，你去观察你所服务的公司的高管团队，是不是有这四类人？

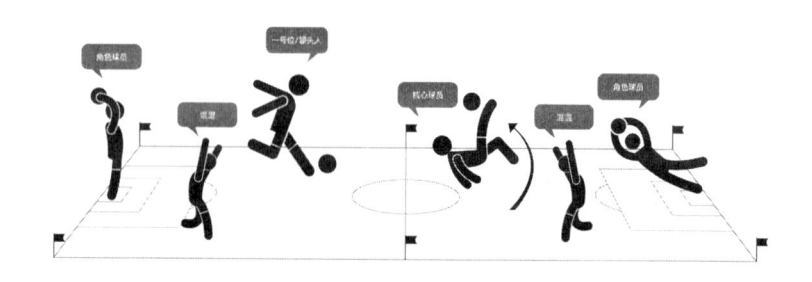

图3-3 球员的类型

另外，请务必不要做道德评价，认为混混就是不对的、卑劣的。实际上，我们每个人都是这四种角色的混合体，我们会根据具体的情境去决定当时自己扮演什么角色；而且，我们在一个高管团队的首要角色也会不断进化和迭代（比如从角色球员变成了核心球员，或者从角色球员变成了混混）。

高管团队这件事，有过体验的人会理解它的不可捉摸与扑朔迷离。所以，很多人都认为这是件运气大于努力的事情。这种想法情有可原。

不过，如果我们认真观察总结的话，还是可以找到一部分规律的。尽管用竞技体育的团队来类比高管团队不是很准确，但我们以篮球队、足球队类比高管团队还是可能给我们一些启发。很多规律还是可以触类旁通的。

规律找得越多，运气所占的比例就会越少，打造高管团队的能力就更可能成为一个重要的组织竞争力。

10 一号位要善于最后发言

作者：左谦

前面我们探讨了一号位需要如何进化以及应该做什么，本文以开会这个具体的场景为例，探讨一号位在具体行为表现上可以如何进化：善于最后发言。

开会是公司高管团队协同目标和任务、讨论关键决策的一个重要场景。战略研讨会、预算规划会、预算回顾会、专题研讨会、经营及财务分析会、组织及人力资源规划会等。从时间角度讲，这些会议占据了高管工作总时间的 50% 以上，这么说毫不夸张。

作为高管团队中特殊的一员，一号位要善于在会上最后发言。

我这里说的发言主要指表态，不包括在听取其他高管发言过程中问一些澄清性的问题、回应其他高管的一些问题、提供必要的信息等。

一号位善于在会上最后发言，至少有四大好处。

第一，一号位善于最后发言，会让团队决策更容易正确。一般而言，好的决策，应该是先有基于事实调查的真伪判断，再有基于逻辑推理的是非判断，最后才是基于理念的价值观判断。如果一号位过早发言，我估计很多高管会在后续发言中，虽然表面形式上还在做真伪判断和是非判断，但内心深处已经快速做完了政治判断。你可能会说，会前可以约定诸如"人人平等""有话直说""简单真实"之类的原则。但这很有可能只是应是和美好的愿望，而不是实是。高管们不要随意挑战人性，一号位也别轻易试探人心。

第二，一号位善于最后发言，有助于让高管团队良将如云。高管会议上的发言，正是将才的修炼场。同样是发言，不同高管体现出不同的水平。有的高管发言，只是在提供原始数据和信息；有的高管能基于数据和信息的分类汇总发言；有的高管能够找到数据和信息之间的联系，发言条分缕析；也有的高管还能在千丝万缕中找到关键点进行重点说明；更高水平的高管在讲述复杂事件和关键要点的时候，能够深入浅出，让听者一听就懂且印象深刻。如果一号位过早发言，就可能减少了将才的修炼机会，最后只会修炼出诸如领会、揣摩和领掌（带领大家鼓掌）这些技能。

第三，一号位善于最后发言，有助于一号位学习进化。开篇我们说过，会议占据了高管工作总时间的50%也毫不夸张。从这个角度讲，会议可以成为一号位很重要的学习进化路径。分管各个职能、各个事业部的高管们，可以在会上带来很多的外部洞察、行业理解，也可以呈现他们对问题的真知灼见。一号位可以从这些高管的发言、报告、讨论中汲取很多的营养，甚至毫不夸张地讲，一号位就是要修炼"吸星大法"，这些高管都是在陪练一号位学习进化。如果一号位过早发言，就可能破坏这些有利于自己学习进化的路径。

第四，一号位善于最后发言，有助于一号位驾驭变革。很多重大的决策都涉及组织变革。变革中的人心向背，是变革成功的关键。一号位在最后发言之前先听他人发言，可以感知大家对变革方向的支持度和承诺度，感知组织的能量强度。这些感知，将有助于一号位做出判断当下是不是发起组织变革的最佳时机。驾驭组织变革，应该是众人共建之术而非帝王统御之术。如果最终决定要推行组织变革，让相关人员充分表达的过程，也是调动大家参与变革的过程，也是积累变革能量的过程。

小结：**一号位善于最后发言，会让团队决策更容易正确；有助于让高管团队良将如云；有助于一号位学习进化；有助于一号位驾驭变革。好处良多，一号位何乐而不为？**

随之而来的问题是，一号位擅长最后发言这个梦想要实现，对一号位个人有哪些要求或挑战？我认为主要有四个方面。

第一，一号位的心胸和耐心。一号位既然选择了最后发言，就要尊重他人先发言的权利。心胸宽广的一号位不会因为其他人的发言和自己尚未表达的意见相左而不悦。一号位在听取其他人发言的过程中，如果经常面色凝重，或者情绪失控，所谓的最后发言其实是空话，因为一号位的情绪表达实质上就是"提前发言"。可能有人会问，一号位时间宝贵，听到一些冗长而没有营养的发言,难道就不能制止吗?我的建议是,如果不是"惯犯",一号位在最后发言的时候,可以通过点评的方式提醒。从这个角度讲,一号位确实得有点耐心,想想前面我列的那些好处,一号位可以用"雄心的一半是耐心"这句话来宽慰自己。

第二,一号位的认知能力和判断力。作为最后发言者,一号位往往需要对前面其他人发言进行必要的点评,并总结陈词。这就要求一号位能够快速理解和整合其他人员提供的信息,并做出方向性的抉择。所以,从这个意义上讲,一号位的工作不是请客吃饭笼络人心,能否做出有质量的判断和决策,着实考验一号位的认知能力和判断力。

第三,一号位对自己生命意义的理解。有些一号位开会发言的主要目的是证明其他人都是傻子,只有自己才是最英明的那一个。这样的一号位无论何时发言,对其他人带来的都只有伤害。真正善于最后发言的一号位乐于享受和其他高管勠力同心的状态,乐于看到周围高管的成长,乐于看到他们一个个成了"腕",在各自擅长的业务领域自信担当,才华尽显。这背后都折射出一号位对自己生命意义的理解,反映了一号位前行的内在动力是什么。

第四,一号位对高管团队的想象。不同的一号位,对高管团队的想象不尽相同,高管团队的长相可以是一枝独秀型、左膀右臂型、董事会型、全明星型、事业合伙人型等。一号位对其他高管的定位也不尽相同,是希望高管们参与战略、组织、投资等关键决策,还是只需要一群"跟随—操作式"的高管?

如果一号位希望的是一枝独秀型高管团队，那确实没有最后发言的必要。但如果是想把高管团队打造为全明星型或事业合伙人型，希望高管能够在战略、组织、投资决策中贡献力量，那么一号位最后发言就很有必要。

小结：**一号位善于最后发言这个事情知易行难，会对一号位的心胸和耐心、认知能力和判断力、对自己生命意义的理解、对高管团队的想象几个方面都提出要求和挑战。**

当然，我们也别被一号位最后发言这种形式所约束。在真高管团队形成的过程中，一号位和高管团队有很多机会同吃、同喝、同玩、同闹，一起流汗，一起流泪。一号位不再那么特殊，其他高管也习惯了"合法伤害"一号位而没有任何心理负担。这时候，一号位也不一定非要最后发言。这种情况尤其在没心没肺的"85后""90后"所组成的高管团队中更为普遍。

延伸阅读

3.【视频】《什么是"美好组织"？如何创作"美好组织"？》

4

外部适应性：
胜利先于和谐

真才实学的"真"
真情真我的"真"
追求真理的"真"

前面我们已经概括性地介绍了真高管团队的模型，已经更深入地了解了真高管团队模型七要素里的第一个要素：一号位。接下来，我们来介绍第二个要素：外部适应性。

在前文介绍真高管团队模型七个要素间的逻辑关系时，我们已经知道了什么是外部适应性，同时我们说打造真高管团队的一个重要目的，就在于保证并不断增强组织的外部适应性。这一章，我们通过讨论三个问题，一边来加深对外部适应性的认识，一边提出增强高管个人和高管团队外部适应性的路径和方法。

第一个问题，对于高管团队而言，其核心责任是什么？对于高管团队的核心责任，我们认为不能将其简单定义为战略＋打胜仗，而应该是外部适应。同时，为履行好外部适应这个核心责任，我们指出了高管团队的四点关键任务，即业务战略、组织策略、使命愿景、价值观，并提出了整合战略这个概念。

第二个问题，对于高管个人而言，其核心责任是什么？我们通过讨论战略与战术的关系、战术突破与结果导向的区别、战术突破是不是打胜仗等10个问题，最后得出结论，高管的核心责任是在正确的方向上取得战术突破，而战略能力不是对于高管的普遍、核心要求。

　　第三个问题，要增强高管团队的外部适应性，其核心挑战是什么？我们认为，外部适应性对高管团队的核心挑战，就是动态平衡地调整业务战略、组织策略、使命愿景、价值观这四颗相互影响着的螺丝。在举例说明如何用这个四颗螺丝的思维框架可以帮助高管团队处理一些现象和问题之后，又分析这四颗螺丝各自的特点，并着重针对其中最容易被忽略的组织策略，提出组织策略制定的六步法。

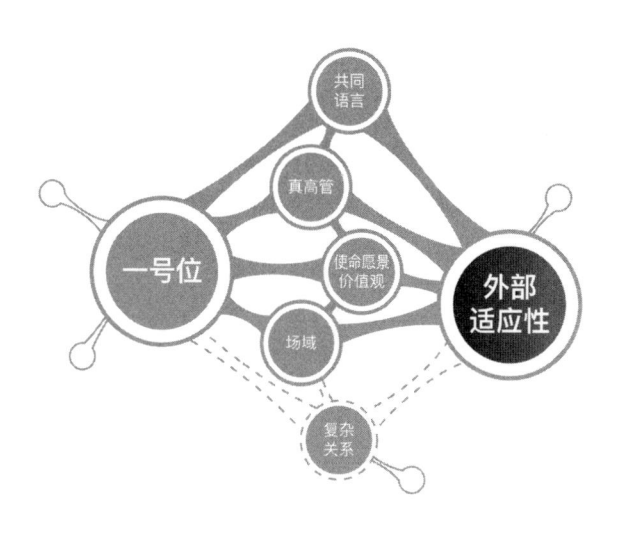

087

11

高管团队的核心责任是外部适应，不能简化为战略＋打胜仗

作者：房晟陶

"高管团队的核心责任是战略＋打胜仗"，这种认知和说法对不对？

我认为这种认知和说法会造成极大误导。

在这种认知和说法之下，在日常经营管理决策中，高管团队实际上把绝大部分注意力都放在客户、竞争对手这两个相关方身上。

比如，"战略就是客户价值"就被一些高管团队奉为圭臬，以至于在战略共创会上，高管团队大部分时间都是在讨论与客户价值相关的事项以及如何超越竞争对手（或者实现差异化）。

但是，在企业所处的环境中，企业作为社会中的一个组织，其相关方是远远多于客户和竞争对手这两者的。当高管团队把绝大部分注意力都放在分析客户及竞争对手的时候，确实容易产生易于衡量的目标以及比较聚焦的行动计划。而且，这样做的理由也非常充分：只有客户会给企业付钱，让企业生存下去；

竞争对手会抢走客户，让企业生存不下去。另外，这两个相关方做好了，第三个关键相关方投资人才会愿意持续投资。

一个企业如果长期、结构性地忽视环境中的其他相关方（比如社会、政府、竞争对手的客户、弱势群体、员工、员工的家庭、非营利机构等），后果是很严重的。这里用长期两个字想表达的意思是，在任何时间点上，企业的资源都是有限的，所以短期内必须要在众多相关方中做阶段性的资源倾斜。但长期来说，一个企业必须平衡地为所有相关方增加价值。

很多公司的经营管理，从客户和竞争对手这两个视角看是非常成功的：客户满意，愿意付钱；产品和服务有差异化；增长和利润都比竞争对手好。于是，第三个关键相关方（投资人）也很满意。

比如，之前教培行业的很多公司，从客户和竞争对手两个视角看是非常优秀的。换句话说，这些企业在战略+打胜仗上做得是非常不错的。

可是，即使是这样的企业（既给客户创造了价值，又打赢了竞争对手），仍然会面临巨大风险，甚至是颠覆性的困难。

为什么？我们又可以从中学习和领悟到什么？

我的核心观点是：**高管团队的核心责任是外部适应，不能简化为战略+打胜仗。**

战略+打胜仗只是企业适应外部环境（外部适应）非常重要的一部分，但战略+打胜仗远远不是外部适应的全部。"高管团队的核心责任是战略+打胜仗"这种认知和说法过度简化了高管团队的责任，从而很容易扭曲高管团队的角色感及自我定位。

企业要想经营管理得好，不能只把环境分析当作战略生成的一个小步骤，必须将环境这个要素独立出来，先于战略考虑。

"高管团队的核心责任是外部适应，不能简化为战略＋打胜仗"，这个观点背后的基本假设是：企业首先是社会中的一个组织，然后才是一个营利的企业。

这是一个企业底层的经营管理方法论问题。

每个组织都要履行其在社会中的角色和功能（为客户及相关方增加价值）。在履行其角色及功能的过程中，这个社会会从机制上允许部分组织营利，比如企业。而对另外一些组织，则不允许其过分营利，比如，对于医院这种组织，社会会允许其收费，但不能过分以营利为目的。而对于学校这种组织，则会更严格地限制其营利倾向。

把环境这个要素独立出来，并先于战略考虑，还有一个非常重要的作用：减少使命/愿景驱动的过度使用。

很多公司强调使命/愿景驱动。在取得一定的成功后，这种做法很容易走向以自我为中心的"我想要干什么"，而失去"环境需要我干什么"与"我想要干什么"之间的平衡。

而且，当"我想要"变成了一群人的"我们想要"的时候，还会产生自我正义化的作用：这不是我一个人想要，而是我们这一大帮人想要；所以，这是一群人的正义目标，不是任何个人自私自利的目标。这种正义感的相互加强会产生巨大的能量。这种自我正义化的能量管控不好，就会变成深刻的、无意识的集体自利。

殊不知，一个企业不管多么大，也只是一个大的社会中的沧海一粟。一个企业的使命愿景的正义性会受到大的社会环境的反馈、审查甚至审判。这个社会有一个内在反馈机制，以避免其中任何一个细胞组织变成自利性的毒瘤。

先考虑环境，再考虑战略，可以时时提醒企业首先是社会中的一个组织，然后才是一个营利的企业。

接下来要问的就是，高管团队要想履行好外部适应这个核心责任，要做好哪些关键任务？

我认为高管团队的关键任务包括：业务战略、组织策略、使命愿景、价值观。这四件事情都是公司级的事情，如果高管团队不做，即便有其他人想做也没法做。我们把这四件事情以及四者之间的相互作用，称为整合战略。

"高管团队的核心责任是战略+打胜仗"这种认知，在实践中会导致高管团队把绝大部分注意力实际上都放在了业务战略这个局部上（主要关注客户和竞争对手），结构性地忽视其他三个部分以及四个部分之间相互的连接/关系。

但是，这里要强调，我不是建议大家以整合战略替代战略+打胜仗，而是要以外部适应替代战略+打胜仗。

外部适应是功能和责任；而无论是战略+打胜仗也好，还是整合战略也好，更多还是任务和产出。我们需要高管团队承担责任、建立功能，而不光是做好任务和产出。

整合战略看似很系统、全面，但也只是简化地说明了高管团队的关键任务，绝不能替代外部适应的丰富性和复杂性。整合战略与战略+打胜仗的关系就像是五十步笑百步的关系。

斩草必须除根，我们要把类似高管团队＝战略（或者高管团队＝战略＋打胜仗）这样根深蒂固、浑然不觉的底层假设连根拔起。

高管团队要想搞清楚"高管团队的核心责任是什么"这样看似基本的问题，实际上并不是那么容易。这些底层认知是需要高管团队在实践中集体习得的，而且往往要经过重大的挫折才能习得。

举一个例子来说明。在上述的整合战略框架中，使命愿景和价值观是分开的。我们经常会和一些公司的高管探讨这样一个问题：使命愿景和价值观，究竟是谁在先、谁在后？

对这个问题没有进行过深入思考的人，很自然就会说先使命，再愿景，再价值观。

很多人会这么说，是因为我们平时在沟通表达中都是按照使命愿景价值观这样的顺序连着说的。于是，很多人在不知不觉中就形成了使命第一、愿景第二、价值观第三的思维定式。

在这种思维定式之下，在实践中，很多高管团队会做"使命愿景价值观工作坊"：先共创使命（why/ 为什么），再描绘愿景（what/ 是什么 / 去哪里），最后再根据使命愿景，共创价值观（how/ 怎么做到）。

这种未经检省的思维定式会有很多误导。

其中一个误导就是认为使命愿景决定了价值观。

实际上，很多公司在相当长的时间内，都没有什么明确的、生动的使命愿景描述。即使有描述，很多公司的使命愿景在事实上也没有真正存在。

但是，在任何一个时点上，每个创始人及公司都有事实价值观。有了基本的价值观和价值取向，一个创始人才决定要不要做公司：为什么不去做科研，为什么不去从政，而要做企业家？从这个角度来说，价值观更多的是先于使命、愿景的。

所有组织默认的基本价值观都是通过为客户／相关方提供优质的产品和服务获得成功。这个价值观就是前文所说的：企业首先是社会中的一个组织，然后才是一个营利的企业；每个组织都要履行其在社会中的角色和功能：为客户及相关方增加价值。一个高管团队如果没有这样的基本价值观认知，一个组织即使有了明确的使命愿景，也经常会走歪或者表里不一。

所以，使命第一、愿景第二、价值观第三这种思维定式是站不住脚的。

当然，我们不能否定使命、愿景的重大作用：如果没有高远的使命、愿景，很多价值观是难以生发和成长的。比如，一个没什么理想追求的公司，为什么会需要信任、研究精神这样的价值观呢？也就是说，一个企业发展到了一个新的阶段之后，确实也可能是使命、愿景在前引领，价值观需要迭代、跟上的。

除了使命、愿景与价值观的先后关系问题，还有很多其他的基本问题都是需要高管团队不断在实践中集体习得的。比如，使命、愿景谁在先、谁在后（有些人认为使命在先，有些人认为愿景在先），业务战略与组织策略是什么关系，一号位的价值观和企业的价值观是什么关系，价值观究竟是工具还是目的，等等。

搞清楚这些问题并不是为了认知上的满足，而是这些认知对于企业的经营管理决策有着直接的指导意义，尤其是对于企业的第一团队，即创始人领衔的公司级高管团队。

在下一个时代，当很多价值都要被重估的时候，所有企业的第一团队都有这样一个重要的任务：如何从社会、组织的视角去理解企业，刷新企业的使命愿景，调整业务战略、组织策略，迭代价值观。

一个公司的发展，可以说就是整合战略不断迭代的过程。

12

高管的核心责任是在正确的方向上取得战术突破

作者：房晟陶

我们已经了解了外部适应性对真高管团队来讲为何如此重要，接下来我们就来谈谈外部适应性对高管会产生何种要求。

战略能力是对高管的普遍、核心要求吗？

在过去的一年时间里，我对于这个问题的认知有了比较大的迭代。

迭代的原因主要来源于两个方面。

一个来源是过去几年我作为首席组织官的创始人、一号位的经验和体会。这个经验和体会使我在评价高管时增加了经营者（要经常考虑生死问题）、使用者（要使用高管）、初创期公司的视角。我以前的经验中更多的是基于 HR 视角、同侪视角（作为其他高管的同事）、外部顾问视角、高管团队教练视角、中大型公司及相对成熟公司的视角。

另外一个来源是在过去的一年里，我密集地观察、感受了超过 50 个公司的高管团队。这些公司，大都处于快速成长期，有一部分甚至处于初创期和战略探索期。我把这些公司的高管团队统称为创业型高管团队。这些创业型高管团队与那些比较成熟的公司的高管团队相比，从观感上非常不一样。

观感如何不一样？

在《领导梯队》(*The Leadership Pipeline*)这本书中，拉姆·查兰将一个人在大型公司的职业发展分为了7个台阶：

（1）个人贡献者（管理自我）；

（2）一线经理（管理他人）；

（3）部门总监（管理经理人员）；

（4）事业部副总经理（管理职能部门）；

（5）事业部总经理（管理事业部）；

（6）集团高管（管理业务群组）；

（7）首席执行官。

每上一个台阶（比如从个人贡献者到一线经理）就是一个转折，所以一共就是七级台阶，六个转折阶段。

以上这个分法，对于比较成熟的大型公司来说确实比较合理，也相当专业。但是那些创业型高管团队的成员，基本都是四合一的角色：

既是（1）个人贡献者（管理自我）；

又是（2）一线经理（管理他人）；

也是（3）部门总监（管理经理人员）；

还是（4）事业部副总经理（管理职能部门）。

公司规模小一点，（1）、（2）、（3）的成分就多一些，公司规模大一些，（2）、（3）、（4）的成分就多一些。

如果用战略能力来衡量和要求这样的创业型高管团队的成员，总是感觉不对劲儿，很别扭，甚至有很多误导。如果只从经验的角度来衡量，他们中的很多只是（3）部门总监（管理经理人员）的程度，甚至有些人只是（2）一线经理（管理他人）程度。不过，他们不折不扣都是高管团队的成员，集体承担着公司级整合战略的责任，而且很多团队都做得不错（从增长、估值、创新等角度）。

这些新的经验、体会、观察和困惑让我不断去反思：

- 我们应该怎样去要求、引导和评价一个高管？
- 高管的核心责任是什么？
- 战略能力是对高管的普遍、核心要求吗？

经过这段时间的反思，我对这个问题的认知有了明确的迭代。下面我就用一句话来描述我迭代后的认知：

高管的核心责任就是在正确的方向上取得战术突破；战略能力不是对于高管的普遍、核心要求。

我用自问自答的方式来进一步阐述。

1. 战术与战略是什么关系

关于战略与战术的关系，有很多理解和定义，没有标准答案，从网上搜索可以找到很多。读者可以通过以下这些描述找点感觉：

- 战略是全局、全境的，是指导战术形成的总体的构思；战

097

术是局部的、个体的，是围绕战略思想、地区环境制定的有效的方法，是战略思想的具体体现。
- 战略针对全局问题，战术针对局部问题；战略针对长期问题，战术针对短期问题。
- 战术是战略的过程，即执行战略的方法。
- 在理论上，战术研究战斗的规律、特点和内容；研究部队的战斗素质和战斗能力。
- 战术包括经常了解情况，定下决心和部署下达任务；计划和准备战斗；实施战斗行动；指挥部队和分队；保障战斗行动。

2. 战术突破是不是就是结果导向

不是。战术突破不是指一般的结果导向。每个层次的人员都需要结果导向。

但对于高管来说，核心是要取得能够贡献于战略，甚至是扩展了战略腾挪空间的结果。这样的结果才是战术突破级的。

有的时候，战略很清晰，高管要通过战术实现战略意图。

另外一些时候，战略只是大致清晰，需要通过战术突破来明确。对于大量处于初创期、战略探索期、快速成长期、战略迭代期、战略重构期的公司来说，尤其需要战术突破的能力来找到新的战略。

这样的战术突破不是简单的结果导向。

3. 为什么强调的是战术而不是战略

尽管有一些高管善于看到全局，也善于与一号位进行战略共谋，但是在行动上，每个高管相对于一号位来说都是局部的（部门/职能）。任何高管个人都很难直接作用于整体的战略，只能在局部做出贡献。

战术非常重要。要求高管有战术突破并不是降低了对高管的价值认可。多个高管在局部实现了战术突破，一号位才可能在整体上实现战略整合。没有战术上的突破，公司级的整体战略更多的是想法，一号位也是"巧妇难为无米之炊"。

4. 为什么用突破这个词

突破就意味着不能只是简单地维护改进，还需要高管去克服资源条件的局限，没有条件就去创造条件。

另外，要想取得突破，也意味着要承受一些风险和失败。所以没有点创业精神是取得不了突破的。

因此，突破这个词，体现了对于高管的能量要求和企业家的精神要求。

5. 为什么说战术突破必须是在正确的方向上

如果不在正确的方向上，就可能会取得错误的胜利。比如，有一些高管首先是在为自己的职业发展工作，而不是为公司的发展工作。在这种情况下，即使是取得一些不错的结果，对于公司的价值也是有限的。

为了在正确的方向上取得战术突破，高管必须要有方向感，并善于主动设立所辖领域的战术目标，主动与一号位对齐，与其他高管对齐。

在理解公司、一号位的大方向方面，高管还要对大方向中的模糊性、变化性有合理期望，而不是过分要求详细的指令。

如果说"将在外,君命有所不受"是合理的话,那么"君在内,将也无法事事得到明确指示"也是正常的。

6. 战术突破是不是就是打胜仗

战术突破不一定都是外部的突破,也可以是偏内部的战术突破。比如,实现核心业务流程的拉通也是一个战术突破;迭代一个管理系统也是个战术突破。

战术突破包括了打胜仗,但不只是打胜仗。用打胜仗去要求和引导所有高管会有一个可能的误导:没有人愿意做中后台和中长期的工作,更愿意做那种可以迅速看到结果的前台工作。

另外,打胜仗容易让人只想到冲冲杀杀的工作方式。实际上,战术突破可以通过不同的方式实现。有的高管善于强力执行(结硬寨,打呆仗);有的高管善于快速试错和创新;有的高管善于横向拉通;有的高管善于激发他人潜能;有的高管敢于不平衡使用资源;有的高管敢于接受非议、耐受孤独、推动组织变革;有的高管善于守住一个山头。

7. 战略能力是不是就没那么重要了呢

强调战术突破并不是要否定战略能力的重要性。确实有部分高管在战略能力上有一定天赋,比如,善于看到全局,善于结构性表达,善于与一号位共谋。

但是,高管团队很难每个人都这样,也没必要每个人都这样,尤其对于创业型高管团队(想要吸引一些高能级的人才也不是容易做到的)。还有一个重要因素,战略能力是可以在相当大的程度上被代偿的:高管团队里面有两三个人,甚至就是一号位一个人战略能力比较强,其他成员的战略能力弱一些是可以被代偿的。(相关延伸内容可以扫描本章末的二维码,观看视频《"战略能力"是对高管普遍、核心的要求吗?》)

但是,战术能力很难被代偿。你无法带兵打仗,难道要其他高管代替你指挥吗?你不善于激励他人,别人怎么给你补位?

另外,如果一个高管不能取得战术突破,那么他就很难获得其他高管的信任,在高管团队中也很难有真正的一席之地。试想,如果一个人总是不能取得战术突破,你会相信他的战略能力吗?应该说,对于绝大部分人来说,战术能力也是通向战略能力的必经之路。

还有很重要的一点,一部分人所理解的战略能力,实际上是系统化思考+结构性表达+缜密工作计划。这些就是战略能力吗?这些还远远不是。很多经过大公司训练的人都有这些能力,但他们不一定具有"战略能力"。要想具有战略能力,还得加上环境及市场洞察、商业敏锐、危机感及对成功的渴望、坚定的意志、良好的运气等重要的因素。

我不是反对任用那种具有系统化思考+结构性表达+缜密工作计划能力的高管。这些能力很有价值,但是,在任用这样的高管的时候,也要注意用战术突破来衡量、引导。这样做可以避免误用一些善于纸上谈兵的人。

8. 战术突破是不是更适合中小公司的高管?公司变大了是不是就更需要战略能力了

如果公司变得非常大,已经是有很多事业部/子公司的集团化公司,则公司高管确实都需要战略能力,因为这些高管本质上都是一号位了。战略能力是对一号位的普遍、基本的要求，这点我不能否认。

如果公司只是规模、地域的变大（还只是一个业务领域），则战术突破这个要求还可以长期适用。

很多人所说公司变大更需要战略能力，实际上说的是更需要看到全局／森林、理解复杂系统的能力。

高管如果缺乏了看到全局／森林、理解复杂系统的能力，确实就很难找到实现战术突破的点位。一种情况是，有些人可能盲动，取得一些错误的胜利。当然，经历了几次严厉批评之后，很多人就索性不动了。于是，元老逐渐变成了养老。

但看到全局／森林、理解复杂系统的能力还不能等同于战略能力。所以，公司变大了对于看到全局／森林、理解复杂系统的能力要求更高了是准确的，但说公司变大就更需要战略能力这个说法就不准确了。

更重要的是，即使一个高管看到了全局／森林，理解了复杂系统，接下来要怎么干？

就是要**在关键点上取得战术突破！**

换句话说，在公司的不同发展阶段，需要取得的战术突破的类型、关键点是不一样的，要取得战术突破这个要求是相对普遍的。

9. 在正确的方向上取得战术突破能适用于一号位吗

可以适用。一号位长期不能在一号位的领域取得战术突破，也会大大影响公司的发展，同时也是一号位的创业精神衰退的体现。

一号位还有一号位的领域吗？有。比如，获取资源、改善高管团队的氛围、引入专业方法论等。这些事情，如果一号位不亲自上阵，是很难实现的。

10. 究竟什么是战略能力？有没有战略能力这回事

对于一个公司来说，战略包括了业务战略、组织策略、使命愿景、价值观这四个重要支柱以及这四者之间的相互作用。首席组织官称之为整合战略。

这个整合战略的责任人就是一号位。全公司也只能由一号位负责整合战略。可以说，这个整合战略就是一号位最关键的战术领域。即使其他高管能取得很多战术突破，如果一号位在战略这个事情上不能起到整合作用，则其他高管再有战术突破也只能是事倍功半，越做越累。

所谓的战略能力，对于一号位来说，就是不断整合、迭代这四者及四者之间相互关系的能力。对于一般高管来说，这个能力并不是普遍、核心要求。当然，他们需要有理解力，不然很难把握正确的方向。

这个整合战略也是高管们在正确的方向上取得战术突破中正确的方向的来源。

以上我用问答的方式简单阐述了本节的核心观点：高管的核心责任就是在正确的方向上取得战术突破；战略能力不是对于高管的普遍、核心要求。

这样的认知迭代会带来很多行为改变，比如，对于一号位如何评价任用高管，对于高管如何自我定位，对于高管如何评价其他高管，等等。

最后，再留下几个问题供读者去思考：

（1）如果你本身就是高管团队的一员，在过去的一年里，你是否在所辖领域取得了战术突破？

（2）观察、衡量你所了解的高管，哪些高管善于在正确的方向上取得战术突破？为什么？

13

"Strategizing"才是真高管团队的核心挑战

作者：房晟陶

前面我们经常提到整合策略，本文我们就重点聊聊这个话题。

很多优秀的公司都已经认识到，在环境复杂多变的情况下，高管团队的核心挑战不再是战略（Strategy）这个名词，而是"Strategizing"这个动名词。换句话说，就是要"不断地调整战略"。

但一个高管团队认识到这一点还是远远不够的。高管团队还需要有好的思维框架和方法去做好Strategizing。

如何Strategizing？我给大家提供一个简单的思维框架/方法论。

所谓的Strategizing，就是时不时拧一拧这四颗螺丝：业务战略、组织策略、使命愿景、价值观。这四颗螺丝是相互影响的。

它们之间的相互关系如图4-1：

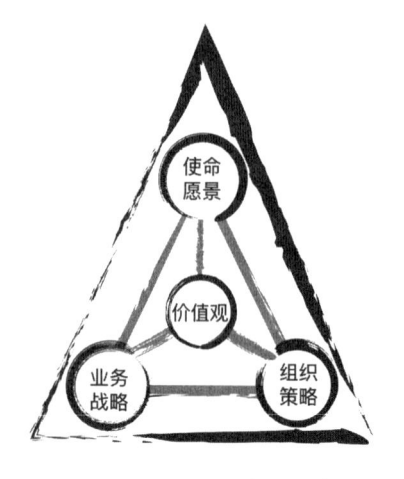

图 4-1　Strategizing 四要素之间的相互关系

在这四颗螺丝中，业务战略相对比较容易理解。业务战略一般包括发展战略、竞争战略、运营战略，回答何处竞争、何时竞争、如何竞争的问题。

在这四颗螺丝中，组织策略相对最难理解。什么是组织策略？简单的定义就是战略性组织能力 & 文化的选择。说得复杂一点是："几项相互整合的战略性组织能力 & 文化的选择、界定及相应的关键举措。"（如表 4-1 所示）

表 4-1　组织策略画布

中长期战略性组织能力 & 文化					
高管团队进化	战略迭代	核心业务流程	任务协同	人才及知识	价值观及文化
组织策略的组织保障					

拿动物的进化来打比方。比如，对于一个猎豹来说，其战略性组织能力 & 文化就是速度及爆发力（这样能抓到羚羊吃），还有能上树（这样能躲避狮子和鬣狗）。而对于羚羊来说，其战略性组织能力 & 文化是速度及耐力（猎豹最高速度快于羚羊，但猎豹无法长时间保持高速，而羚羊可更长时间保持速度）。另外，羚羊还有几个战略性组织能力 & 文化：可以吃草，把草转化为能量；繁殖能力很强（这样即使被猎豹和狮子吃了一些也没事）。

这四颗螺丝的思维框架可以解释很多高管团队在 Strategizing 过程中的现象和问题。下面简单描述几个。

- 高管团队不断更新战略，但实际上只是在不断更新业务战略，然后就经常性地抱怨"战略是对的，就是执行力不行"。实际上，所有没有切实可行的组织策略支撑的业务战略全都是空中楼阁。

- 高管团队做"使命愿景价值观共创",只根据使命愿景就迭代出一些"理想价值观",然后就要求人力资源部去文化落地。实际上,价值观不能只从使命愿景那里产生。业务战略和组织策略对价值观的影响是根本性的。比如,你在业务战略上从To C扩展到To B和To G,你公司的组织策略以及价值观是要发生很大调整的,公司的使命、愿景也可能需要迭代。

- 很多公司的愿景里面只有业务愿景,甚至业务愿景的描述归根结底就是一个字:大。愿景里面没有组织部分,组织成员为什么要为这个愿景奋斗?难道就是为了帮助老板称王称霸?愿景要给组织成员一个价值定位,或者组织愿景。而这个价值定位或者组织愿景,就决定了组织策略中的很多内容。

- 有些高管团队的逻辑是:先定业务战略,根据业务战略决定组织上干什么,把组织工作实际定位为业务战略的一个附属。想一想,如果是这个线性逻辑,当业务战略不清晰的时候,组织工作是不是都没法做了?绝对不是。实际上,当业务战略不清晰的时候,组织策略和使命愿景反而是破局的关键。

- 先有价值观,还是先有使命愿景?很多人会不自觉地认为是使命—愿景—价值观这个先后顺序(因为口头表达上就是这个习惯性顺序)。实际上,大部分公司在相当长时间里都没有什么明确的、给员工带来意义感和兴奋感的使命愿景，更多是靠短期目标和共同价值观凝聚在一起的。大家在一起干出一些名堂，吸引了更多元的高管，有了更高的追求，这种时候就逐渐产生了对使命、愿景的需要。这就是一个比较普遍的由技入道的方式。当然，确实也有一部分创始人在做公司之前就有了相当明确的使命愿景，然后由道入技。

- 一些创始人认为使命愿景价值观这些事情比较虚，所以就没有重视。这种现象背后的重要原因就是他们没有把业务战略、组织策略、使命愿景、价值观这些事情有机地联系起来。实际上，使命愿景对于业务战略的选择有着直接的指导作用。如果把使命愿景单独拿出来讨论的话，一方面确实是比较虚的，另一方面又很容易过载使命愿景。

- 有了业务战略并做了业务战略分解之后，各个部门/事业部/分公司的分管CXO/VP们领回去各自的目标及关键任务，在组织方面的动作就百花齐放了：有的搞文化，有的搞人才，有的搞流程。单看各个部门/事业部/分公司的组织举措都是可圈可点、有声有色，但在公司层面却缺乏公司级战略性组织能力&文化的选择。这也是很多公司有很好的业务战略，组织上的举措也很多，但没有形成组织策略的另一种体现。于是，不仅事倍功半，部门墙和藩镇割据的现象还会愈演愈烈。

- 高管团队还有很多其他现象和问题都可以用这个思维框架来解释。

业务战略、组织策略、使命愿景这三者结合起来，才能形成整合战略。战略能够整合的背后是价值观要整合。很多公司的战略难以整合，其背后的根本原因是创始人的价值观本身不整合。创始人内在价值观相互打架的话，在公司战略层面的体现就是名义战略与实际战略形成两层皮，比如，名义战略上说是要给客户提供优质的产品，实际的战略上就只是在追求"大"。

一个公司的发展，就是整合战略不断迭代的过程（如图 4-2 所示）。

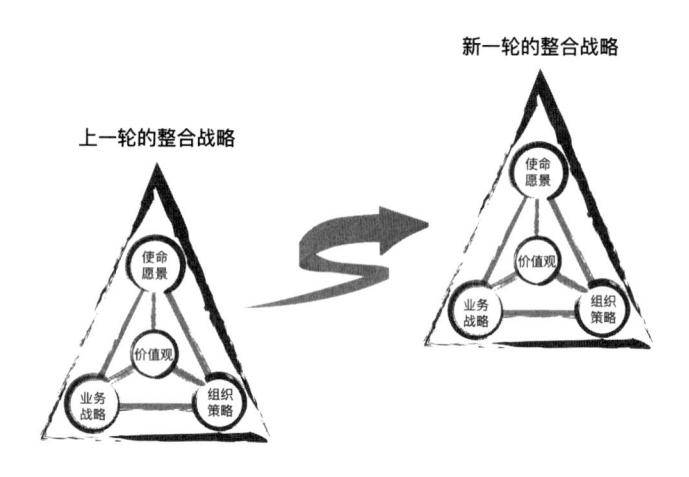

图 4-2　整合战略的迭代

这个整合战略不断迭代的过程就是 Strategizing。

这个迭代的过程就像拧螺丝：当你把一个平板（木质或者铁质）用四颗螺丝固定到另外一个平面上的时候，你不能把其中一颗螺丝一下子拧到底拧死了，然后再去拧别的螺丝。如果这么操作的话，其他三颗螺丝孔就会对不上（因为平板已经翘起来了）。即使勉强对上了，在拧第二颗螺丝的时候，第一颗螺丝孔那里很容易就发生碎裂。

在整合战略的迭代过程中，可能是这样的：先在业务战略上拧了一圈半，然后在使命愿景上拧一圈，接着在组织策略上拧两圈，然后在价值观上拧两圈，回来又在业务战略上加拧一圈半，接着在价值观上又加拧一圈，在组织策略上加拧一圈，最后在使命愿景上又加拧了两圈半。于是，经过这个过程，这四颗螺丝都拧了三圈左右，整个公司达成了新的平衡。

当然，最后一个动作（在使命愿景上加拧了两圈半），这个多拧的半圈又成为下一轮整合战略迭代的起点。

在这四颗螺丝中，哪颗螺丝最难拧？哪颗螺丝容易被忽略？

拧价值观这颗螺丝是最需要时间的。而且，组织规模越大价值观转变的难度就越大。别忘了，这个价值观是公司上一轮成功的关键。当时这些价值观与当时的业务战略、组织策略、使命愿景是有机整合的，所以公司才取得了上一轮的成功。如果业务战略、组织策略、使命愿景这三者之间不整合，价值观这颗螺丝是没法拧的：一会儿顺时针拧，一会儿逆时针拧，甚至想拿锤子砸，很快就拧滑丝了。

但从时间投入上来说，价值观这颗螺丝是很容易给人以幻觉的：高管团队十几个人花费两天一晚建造的使命愿景价值观工作坊，不仅价值观迭代了，使命愿景这颗螺丝都顺便迭代了。

实际上，这个迭代出的价值观还是名义的、理想的、纸面的价值观，离实际价值观还差很长时间。

业务战略这颗螺丝也容易给人以幻觉：高管团队经过几次共创，或者找一些战略咨询公司做几个月的项目，就会觉得业务战略这颗螺丝也迭代了。实际上，业务战略很可能就是想做、应做而已，与能做没有充分整合。

组织策略这颗螺丝是最容易被忽视的。"几项相互整合的战略性组织能力 & 文化的选择、界定及相应的关键举措"，这句话看起来容易，但做起来并不太容易。

举例说明，所有公司都说"为了实现下一阶段的目标和战略，我们需要人才"。人才每个公司都需要，但关键是你的公司要定义出你们具体要吸引、保留、发展什么样精神实质及素质能力的人才。比如，有的公司就定义了"有企业家精神的事业经理人 + 操心员工"作为公司在人才方面的战略性组织能力 & 文化。

定义出的任何一项战略性组织能力 & 文化必须符合几个标准：

- 这一项战略性组织能力 & 文化在这个组织中有没有根基？比如，如果这个公司从没有什么"操心员工"，界定出"有企业家精神的事业经理人 + 操心员工"这种战略性组织能力 & 文化就是空想。
- 这个战略性组织能力 & 文化有没有平衡中短期、中长期的需要？好的组织策略，会在中长期为公司的业务战略开拓出大量空间（比如，如果你有了一大批有企业家精神的事业经理人，公司想发展第三、第四业务曲线的时候会有非常大的空间）。

- 如何具体界定这个能力？比如，什么是"有企业家精神的事业经理人"和"操心员工"？具体如何描述？员工能否理解？
- 是否有几项战略性组织能力 & 文化既是能力又是文化？既是能力又是文化的战略性组织能力 & 文化会更有竞争力，会更不容易被复制。
- 这一项战略性组织能力 & 文化与其他几项战略性组织能力 & 文化之间是否匹配、相互咬合和支撑？咬合在一起，就更难以被复制。
- 是否有几项战略性组织能力 & 文化是跨职能的，而不只是个职能能力？比如：研发能力属于职能能力，而基于用户社群的品牌开发能力就是跨职能的能力 & 文化。
- 这个战略性组织能力 & 文化与创始人的特质是否匹配。比如创始人是否能够欣赏、把握有企业家精神的事业经理人？
- 如此，等等。

绝大部分公司在制定组织策略的时候都没有足够的时间投入：很多公司只是在做业务战略共创时，用最后一两个小时的"垃圾时间"草草谈一谈在组织上干点什么事：要招哪些人，要如何调节组织架构；然后，就在那静候好事的发生了。

同时，绝大部分高管团队在制定组织策略的时候都没有什么思维框架/方法论。

相比业务战略，组织策略是更需要高管团队共创共识的，因为这个组织策略共创共识的过程就已经是组织策略执行的开始。

一个高管团队在制定组织策略时需要一些思维框架/方法论。我们首席组织官研发的 V 模型的一个应用场景就是制定组织策略，具体请参考图 4-3 和表 4-2 显示的六步法。

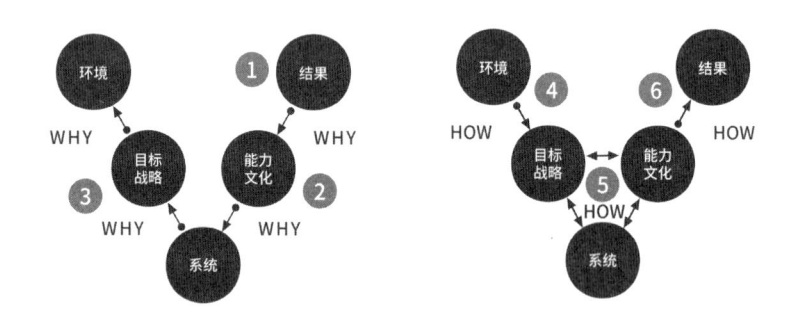

图 4-3 组织策略制定六步法

表 4-2 组织策略制定六步法

S1	结果及差距分析
S2	评估组织能力 & 文化现状，识别结构性原因/系统问题
S3	复盘事实目标 & 战略，评估其与环境是否匹配
S4	从环境出发，澄清新阶段的业务战略
S5	界定战略性组织能力 & 文化，整合关键组织举措
S6	预测结果，提炼组织策略及整合战略

类似 V 模型这样的思维框架 / 方法论可以给高管团队一个共同语言和工具，帮助高管团队通过集体共创共识来制定与业务战略、使命愿景相互整合的组织策略。如果没有一些思维框架 / 方法论的加持，高管团队很容易在讨论这些问题的时候徒劳无功甚至伤感情。

最后，再次总结本文的一些主要观点。

- 高管团队的核心责任是 Strategizing 这个动名词，而不是战略（Strategy）这个名词。
- 如何 Strategizing？时不时地拧这四颗螺丝：业务战略、组织策略、使命愿景、价值观。这四颗螺丝是相互影响的。
- 业务战略、组织策略、使命愿景这三者结合起来，才能形成整合战略。一个公司的发展，就是整合战略不断迭代的过程。
- 整合的战略才会产生整合的价值观。很多公司战略不整合的根本原因就是创始人的内在价值观不整合。
- 在这四颗螺丝中，组织策略这颗螺丝是最容易被忽视的。组织策略的简单定义就是战略性组织能力 & 文化的选择。说得复杂一点就是几项相互整合的战略性组织能力 & 文化的选择、界定及相应的关键举措。

制定组织策略是非常需要高管团队共创共识的。制定组织策略的时候，需要一些思维框架 / 方法论来提高制定组织策略的质量及效率。

延伸阅读

4.【视频】《"战略能力"是对高管普遍、核心的要求吗?》

5

真高管：
真金不怕火炼

真才实学的"真"
真情真我的"真"
追求真理的"真"

在真高管团队的模型中,只有两个直接与人相关的要素,一个是一号位,另一个就是真高管。

在第3章,我们介绍了七要素里第一个和人有关的要素——一号位,这一章,我们来介绍第二个与人有关的要素——真高管。

对真高管的解释,我们通过两个视角来展开,一是对真高管个人能力和素质的要求,二是针对组织内常见的几种不同类型的高管来谈谈其进化之路。

首先,我们对真高管个人提出了能力和素质上的要求。包括,既要有自定义角色感,也要有钝感力;既要能干能说,还要能用不平衡打破现状。同时,我们举了一个在生活中符合真高管要求的角色,就是优秀的妈妈,因为优秀的妈妈符合真高管的职责/角色的四合一。

接着,我们分别列举了中年高管、中层管理者在其进化路上如何做。对于中年高管,我们提出可以从专业精神、职业精神、创业精神这三个方面做出改变、提升自己,以延长自己的人才有效期。另外,中层管理者是潜在的高管,如何帮助中层管理者向高管的角色转变,我们从时间分配的角度,给中层管理者指出四个可以规避的陷阱,希望能对中层管理者有所帮助。

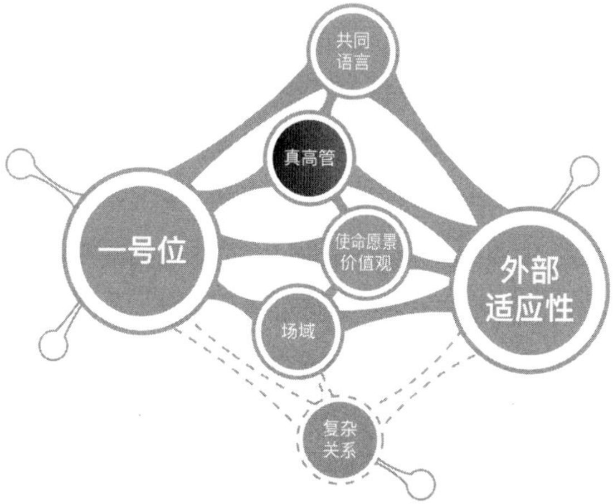
共同
语言
真高管
一号位
使命愿景
价值观
外部
适应性
场域
复杂
关系

14

真高管，既能自定义角色感，也要有钝感力

作者：房晟陶

对真高管特质和能力的第一个要求，就是既要能自定义角色感，也要有钝感力。

在目标和战略比较清晰的时候，很多人都能做到主动积极。做得不够好的时候，上级需要引导、敦促，大部分人也可以比较有效地改进。

可是，当目标战略不清晰或不断变化，或者组织发展变化非常快的时候，主动积极就不够了。这个时候就需要自定义角色感这种更高级的能力了。

为什么说自定义角色感是比主动积极更加高级的能力？**主动积极更多是个人能力，而自定义角色感是个人与组织良性互动后才能产生的**，如图 5-1。

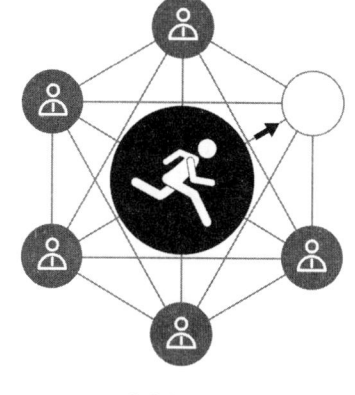

主动积极　　　　　　　　　自定义角色感

图 5-1　主动积极与自定义角色感

主动积极这种个人能力是很容易被竞争对手猎走的。但自定义角色感这种能力是难以被猎走的。主动积极的个人，只有到了某些组织环境中，才能发展成自定义角色感这种高级能力，从而做出更大价值贡献。

这种高级能力，至少在以下三种组织环境中都非常关键：

（1）在创业期公司中；

（2）在真高管团队中，即创业型高管团队中；

（3）在倡导自组织的创新型组织形态中。

如何理解自定义角色感？

自定义角色感里面有三个关键词：自定义、角色、感。

与自定义相对照的是他定义，即等着别人给自己安排，这个比较容易理解。

与角色相对照的是任务。

而且，角色还不够，还要角色感。

角色感包括了角色的目的、职责、任务、相关方关系等。角色不仅要自己理解，还要传递给队友。自己对角色理解得很清楚，但队友不理解、不支持，也是不够的。角色感额外强调角色承担人对于关键相关方的沟通、影响、培训责任。

举一个生活中的例子来帮助大家理解什么是自定义角色感。

老婆让老公去接上补习班的孩子。有的老公只把自己定位为司机，按时接回家就算完成任务，给自己打一百分。但老婆希望老公承担的是爸爸的角色。如果是爸爸角色的话，就应该利用接孩子的时机，多做情绪观察和情感交流。比如，爸爸可能观察到孩子情绪非常低落，追问之下才知道是被霸凌了。

如果没有这种爸爸的角色定位，老公可能连问都不问。

同时，如果老公没有爸爸的角色感，孩子只会把爸爸当司机，哪怕被爸爸发现情绪低落并主动关心询问，孩子也不会说，因为孩子没把爸爸当成爸爸这个角色。

老公要自定义为爸爸角色，并且要让孩子和老婆（以及爷爷奶奶外公外婆）都能接受这种角色感。

任何一位家庭成员缺乏了自定义角色感能力，都容易引发家庭矛盾和争吵。

同样地，工作中没有自定义角色感能力的同事，也很容易让队友身心疲惫，尤其在高管团队中、创业公司中、倡导自组织的创新型组织形态中。

在相对成熟的公司里，绝大部分职位要做的事情都约定俗成，甚至已经文字化了（比如通过岗位描述）。在这种情况下，自定义角色感这个能力就显得不太重要。

但在一个创业团队中，自定义角色感就是基本要求了，因为公司发展变化太快。比如，一个负责客户方面工作的客户总监应该把自己定位为一个销售人员，还是定位为一个市场人员？在不同的角色定位下，要做的事情是不一样的，跟同伴说话的方式也是不一样的。

"我是负责客户销售的，你们不给我客户线索，我跟谁去销售？"

"你的一个任务就是要产生客户线索，你为什么不去开拓渠道？"

这些角色定位冲突就是很多人际关系冲突的根源。

自定义包括了自进化的要求。比如，在公司很小，产品认可度还比较低的时候，这个客户总监把自己定义为一个"销售人员"是合适的（需要做很多现场产品演示及说服，客户才会下单，光靠广告是不够的）。在这个阶段，如果定义为市场人员，大把撒钱做广告，那可能是既浪费钱又没有效果。但是，如果产品已经经过一部分客户的验证，具备上量的条件了，这位客户总监就需要主动从销售人员进化为市场人员。

这里要注意，这个人的职位名称可能一直是客户总监，虽然职务名称没变，但本质的角色变了。

还有，这位客户总监不仅要自进化为市场人员，还要对队友进行沟通、影响和培训。即使你的市场人员定位是对的，但如果队友们还认为你就是销售人员，不仅容易导致事情办不好，还会引发很多人际矛盾，自己也会很委屈。

这是对于创业团队。那么对于相对成熟的公司又如何呢？

自定义角色感这个能力，在相对成熟公司的高管团队里也是必需的。这个能力对高管团队的重要性要比对中基层团队重要得多。从本质上来说，每个真高管团队都是创业团队。他们要直接面对外部不断变化的环境，不断调整本公司的战略，每个高管都要根据不断调整的战略去不断调适自己的角色感。

自定义角色感对于高管团队非常关键的另一个原因是：这是高层人员必备的人际关系能力。

自定义角色感是高层人员必备的人际关系能力，尤其是对于高管与一号位这个至关重要的工作关系。每个一号位都是独特的，每个高管也都有自己的个性。高管与一号位要建立深度的工作关系，需要双方都具备这种自定义角色感的能力。

这里还得强调一个概念：**角色不等于职位。**

某个职位上的人，可以有很多个角色，而且各个角色的性质会非常不同。有些角色是组织明确给的，不需要去自定义，比如一个公司的 CMO/ 首席市场官，其明显的角色是 CMO/ 首席市场官。

但是，这个 CMO/ 首席市场官可能还是高管团队里面的一个园丁角色。这个角色就是其主动承担和自定义的了。

还有，有些角色是阶段性的，比如这个 CMO/ 首席市场官可能还是防疫小组的一个志愿者角色（这个小组的领导可能是个基层主管，CMO/ 首席市场官在这个防疫小组里要接受这个基层主管的领导）。

在传统科层制组织里,角色的定义是以级别和岗位为核心的:你是某个级别的员工,然后承担该级别的一些典型岗位。在一些倡导自组织的创新型组织形态里(比如合弄制里面的圈层制),自定义角色感已经成了对成员的普遍要求。每个伙伴都可以根据公司的需要、自己的能力特长和兴趣,去自定义自己的角色,并与相关员工形成一个个相互交错的圈子,这些圈子取代了传统的部门。在传统的科层制组织里,一个员工只专属于一个部门,偶尔参与一些跨部门小组。而在圈层制里面,一个员工可能在七八个圈子里面承担性质非常不同的十多个角色,不再专属于任何部门。而且,圈子会随着实际任务的需要自主成立和解散。

既然自定义角色感这么重要和高级,一个公司怎样才能培养这种自定义角色感的能力呢?

关键是要建立起能够滋养自定义角色感这种能力的场域。最好的切入点就是高管团队(包括创业公司的创始团队)。如果在高管团队/创始团队这个层面都不能建立滋养自定义角色感这种场域,CXO这个层面的高管都无法自定义角色感,那么整个公司肯定不会有自定义角色感这个能力。

应该由谁来负责建立这个场域?一号位责无旁贷。当然,这个一号位最好能找到几个内部或外部的同盟和帮手。

有哪些更加具体的建议呢?以下列举一些原则性建议:

1. 提升高管团队成员的意义感——明确我想做什么

在相对成熟的公司中,很多高管实际上整天都在为季报年报工作,感受不到多少意义感。做着没有意义感的工作,还要自定义角色感,这个太为难人了。如果有条件的话,可以做一些让团队成员感觉到能超越季报年报的尝试,多一点意义感。

有的时候缺乏意义感,并不是因为公司做的业务没有意义,而是自己没有在做着自己感兴趣的事情。我们需要给团队成员创造去做自己感兴趣的事情的角色机会。

比如我们可以给团队成员参与塑造使命愿景价值观及战略等这类大事的机会,而不是一号位定了之后强加或销售给团队。只有这些大事跟自己有心灵的连接的时候,个人才更愿意去自定义角色感。

对创业团队来说,当目标和战略不清晰的时候,试着把为什么、大方向、大规则逐渐说清楚(比如通过使命愿景价值观战略)。有了这些,团队成员才能有自定义角色感的空间和方向。

理想的状态是每个人都能找到个人使命愿景与集体使命愿景之间非常大的交集。但要给个人自我进化的时间,逐步将个人想做的事情与集体想做的事情联系起来。

2. 确保高管团队中的信息透明——发掘"还需要做什么"

首先,我们需要建立透明的沟通机制,包括可以了解其他人在做什么的信息机制(不仅是公司要做什么)。信息越透明就越容易产生自定义角色感。如果我发现有其他队友已经在做某方面的工作,我就不必重新做这个工作了。

当充分了解团队之间的信息时,我们要建立相互反馈的机制,让成员可以合法地互相补充及挑战,找到自己可以承担的角色。

高管团队成员在相互反馈的过程中可能会引起冲突，有些团队成员会认为个人必须无条件地服从于集体的使命愿景。有这种理念的人，有的时候会看不惯那些总是强调个人使命愿景的人。这样的风格冲突也需要去引导和化解。

3. 注重高管团队成员的学习与成长——相信"我能做"

首先要注重能力的选择和培养。没有学习能力和专业能力，光有自定义角色感的态度是远远不够的。比如，客户总监认识到自己要从销售人员进化为市场人员，那就需要快速去学习和成长。

并且，能看到全局的人更容易自定义角色感。没有全局观的主动积极有时也会让人烦恼，但善于看到全局是个相对稀缺的能力，对这类能力要选拔优先于培养。

我们也需要注意对高管团队成员成熟度的选择及引导。自定义角色感可能会与个人当期职业诉求产生冲突。比如，当前公司的发展亟须每个人都去发展市场能力，但某人当前的核心诉求是专业能力成长，所以只愿做一些对自己专业能力成长有帮助的事情。这种行为就会被同伴认为是任性和自私，缺乏对于集体使命愿景战略的承诺，这种不匹配就需要被管理。如果个人的职业诉求持续与公司发展需求不匹配，很可能就是个人的成熟度及人格特质的问题了。比如，有些人不敢对集体、对他人有承诺，害怕失控，这样的人格特质会成为自定义角色感的障碍，使得一个即使很有专业能力的人也难以对一个团队做出重大贡献。

除了以上三点，更重要的是：一号位及核心领导人必须明显地奖励自定义角色感的表现，有时甚至要在结果明确产生之前。奖励可以包括职位、股权、奖金、给予话语权、跟这样的人走得更近，等等，如图 5-2。如果没有这些奖励，那些愿意自定义角色感的人会被那些等着任务的人嘲笑。

图 5-2 一号位用职位、股权等，奖励能自定义角色感的人

之前提到：主动积极的个人，只有到了某些组织环境中，才能发展成自定义角色感这个高级能力，从而做出更大价值贡献。做好以上几点，才能为主动积极的个人营造一个可以有效发展自定义角色感的良好环境。

要注意，自定义角色感这种能力也是很容易被压制和消灭的，尤其是在公司发展越来越成熟的时候。有组织智慧的领导人，一定要注意保护自定义角色感这种珍贵能力，让这种能力有持续的生存空间（甚至要故意创造一定的混乱）。如果只有偏执行力强的人才，下一代领导团队就堪忧了。

自定义角色感这种高级能力给真高管赋予了在组织中独一无二的角色定位。

但莎士比亚曾说过："一千个人眼中有一千个哈姆雷特。"

当我们决意要成为其中一个哈姆雷特时，就要做好不被另外999个人理解的心理准备。

当自定义角色感这一高级能力让真高管主动地在组织中找到适合自己的角色时，我们更需要另一种能力来保持初心，这样我们才能更加沉浸在角色里。

我们说真高管要有自定义角色感，是强调真高管要让自己变得敏感吗？当然不是！

前段时间一句很流行的网络语"那么普通，却可以那么自信"，简称"普却信"。

"普却信"，这是个缺点吗？

我认为，这个事尽管让人有点烦，但这不是什么致命缺点。

尤其是对于高管这个群体来说。

甚至，我认为**真高管得有点钝感力——对他人的看法和反馈不要那么敏感**。

那些看着"普却信"有点不顺眼的人，很多都是那种很关注别人的看法、对别人的反馈会做出快速响应的人。

实际上，他们这种方式（特别在乎别人看法、对反馈快速响应）也会遇到很多苦恼。

初期，他们会得到有自知之明、善于听取他人意见这样的表扬。

但逐渐，他们会感觉到有点困惑和不知所措。比如，来自不同人的反馈非常不一样，甚至有些反馈是截然相反的。

假以时日，他们可能会惊诧地得到这样的评价："总是希望讨好别人""特别敏感""面面俱到的平庸""为别人活着""没有自我"，等等。对于这样的标签，他们会感到非常不解："我全都按你们说的做了，你们怎么还是不满意？"

还不止困惑和不知所措。在下一个阶段，他们很可能会陷入愤怒和情绪崩溃，尤其是当他们发现一些"普却信"者得到重用、欣赏的时候，可能会发出"这个世界为什么这么不公平！"的声音。

这些倾向于认为"比较普通，就不要那么自信"的人，实际上是将自己陷入追求完美的窘境之中。然而，绝大部分人迟早会觉悟到，完美只是一个抽象的、哲学的概念，并不是现实存在。

同时，要求自己每天走向完美的人，也很容易要求别人每天走向完美（比如要求上级，或者下属，或者父母，或者男女朋友，或者配偶）。

完美的个人，无论是自己，还是他人都是很难存在的。这种要求完美的倾向，会增加人际的张力，使得人际协作、团队协作难以高效。

更令那些认为"那么普通，就不要那么自信"的人感到困惑的是，一帮各有毛病、"普却信"的人，竟然经常可能形成一个高效团队，取得很多让人尊敬的成果。对创业期高管团队来说，更是这样。如果你去观察很多创业高管团队里的成员，真的都是各有毛病（比如有人爱吹牛，有人很自我，有人脑子笨，有人爱喝酒，有人很阴险，有人爱偷懒，有的人爱拉关系，有人说话不清楚，有人脾气不好，等等，如图5-3）。其中有很多人，至少在取得一定成功之前都可以用"普却信"来形容。

图 5-3 人的各种毛病

这样的高管团队为什么还能做成一点事情呢？为什么那些"普却信"的人有可能成功呢？除了运气好之外，这背后还有什么可能的其他原因呢？

第一，高管团队里可能有一两个不那么普通，同时又很自信的人。这样的一两个人，提升了整个团队的能力和能量。那些"普却信"的人可能是沾了那一两个人的光。不过这也说明了一个问题，一个团队里面，并不需要那么多不普通的人。一般来说，帅才需要不那么普通同时很自信；将才有点毛病和缺点，很可能就成了锐利的特点。

第二，有些毛病和缺点，尽管会给本团队带来一些内部管理性的麻烦，但对于外部竞争对手来说也可能会带来威胁和震慑。比如，一个脾气暴躁的人，在内部合作时容易制造冲突，但是外部竞争对手同样也会小心几分，因为脾气暴躁的人眼里揉不下沙子，会大大缩减竞争对手使用计谋的时间和空间。

第三，"普却信"的人的行动力经常都不错。其行动力的来源有一部分可能是因为无知所以无畏。不过，这个世界是很奖励行动者的。想，都是问题；做，才是答案。很多很不普通，但不很自信的人，反而经常输在没有及时行动上。

第四，那些认为很普通，就不要那么自信的人，很容易会陷入固定心态（Fixed Mindset）之中。反而，"普却信"也是成长心态（Growth Mindset）的一种体现。也许，"普却信"的人的起点确实不怎么高，但他们成长得会快于那些那么普通，所以不太自信的人，甚至会快于那些很不普通，但不很自信的人。

第五，"普却信"的人，经常不得不容纳其他那些也那么普通的人，做到容人/和而不同。因为自己有明显的毛病，所以就没法经常教训别人了。而很不普通，但很不自信的人，在容人/

和而不同上往往会遇到更大的挑战。

第六，高管团队还可以通过机制设计来规避个人能力不足而可能导致的问题。比如，通过决策流程设置，根本不给"普却信"的人在不怎么行的领域有决策权力。

第七，"普却信"的人，有些时候更容易有那种表面上看起来像"一根筋"的战略定力，敢于长期坚持自己认为正确或者喜欢的事。当然，不是每个"一根筋"的人都能成功。但确实，每个成功都需要一点"一根筋"。

如此种种原因，使得一些"普却信"的人可能会取得一些比那些"比较普通，所以不太自信""很不普通，但不很自信"的人更大的成功。

当然，团队成功了，反过来会使"普却信"的人更加自信。个别人甚至会自信到了忘乎所以的程度。

常见的现象是把机会当能力。于是，"普却信"的好运就逐渐结束了，挫折和失败就越来越多了。

这个时候，一般是其他人嘲讽和教育他们的时候："你那么普通，不应该那么自信。"

不过，尽管遇到很多挫折和失败，他们中的很多人仍然继续"那么自信"，继续向命运挑战："我命由我不由天。"他们还会反问你："我这么做有什么错吗？""你觉得我应该怎么活？"

你看，这些"普却信"者是不是一直让人很烦？

不过，这确实也不是什么致命缺点。尤其是对于高管这个群体来说。反而，真高管得有点钝感力，不能对他人的反馈那么敏感。

为避免误解，我得补充说明一下：我不是在鼓吹不要在乎他人反馈。

一个人，在基层和中层的时候，还是要多虚心学习（当然，你经常也不得不虚心学习）。然而到了高层，尽管要尊重反馈，但不能过于敏感。如果一个毛病容易改，早就应该在青少年时期、基层中层时期改掉了，怎么会留到高层的时候去改？对于自己的缺点，高管们一方面可以通过扬长避短的方法规避缺点可能带来的问题；另一方面必须按照自己可以承受的节奏，借事修己，而不是让来自他人的反馈带乱自己的节奏。很多缺点都是优点的副产品，其改进需要天时地利人和的时机。在这些毛病没有全部改完之前，是可以"普却信"的。

最后总结一下，真高管需要有两种看似冲突但实则互补的能力，既要有自定义角色感，又要钝感力十足。自定义角色感有助于让真高管在组织中成为棱角分明的人，但如果高管对他人的看法和反馈过于敏感，追求完美角度，反而容易在后期把自己整成四不像。因此，真高管也需要拥有钝感力，尊重反馈，但不能过于敏感。（相关延伸内容可以扫描本章末的二维码，观看视频《那么普通却那么自信？真高管得有点"钝感力"》）

15

真高管，既能干又能说，还能用不平衡打破现状

作者：房晟陶

除了能自定义角色感以及钝感力以外，真高管还需要能干又能说，并能用不平衡打破现状。

能干不能说的人可以做高层吗？

先说观点，我认为不可以。

能干不能说的人不适合做高层；既能干又能说是高层的基本功，如图 5-4。

图 5-4 真高管既能干又能说

高层人员已经很少直接动手干了，难道还不能把说这件事做好？都能干了还不能说吗？要求高层既能干又能说是故意为难人吗？

绝对不是。

如果我说写是高层领导者的基本功，那确实有点故意为难人。

写清楚是对高层领导者的优秀要求。现在很多人的文字水平只剩下在朋友圈发一两百字的水平了。

说清楚，比如脱稿演讲及员工公共沟通等，是对高层领导者的基本要求。这里注意，说清楚绝对不仅是一个说话的技能。说一般都是和事连在一起的。每个高层领导者都需要把事情说清楚，基本没有单独存在的说。

很多人说不清楚，不是因为口齿不清、词汇不够，而是因为脑子不清楚且没有思路，没有主张，或者是不努力厘清思路就零散地乱说。

还有，一些人在大组织内说不清楚，是因为他们难以敏锐把握不同听众的不同需求：情感需求、逻辑需求、务实需求、务虚需求、短期需求、长期需求、内部需求、外部需求等。所以，他们在说的时候，总是顾此失彼，满足了这一部分人的逻辑需求，就伤害了另一部分人的情感需求。

特别强调，爱说、爱聊、自嗨、爱表达与说清楚完全是两回事。很多人特别爱聊，吵架拌嘴是把好手，善于生动地宣泄情绪，在酒桌上是相声表演艺术家，但在面对一个组织内大量的、多样的听众时就总是上不了台面，哑口无言，完全说不清楚。

再有非常重要的一点，说清楚代表了对领导者角色的基本价值取向。领导者是控制还是服务？有很多领导者，视信息为权力，即使能说清楚，也故意吞吞吐吐、语焉不详，甚至误导和隐瞒。这绝对不是表达能力的问题，而是价值观的问题。能致力于说清楚的领导者一般会更相信透明的价值，会把更多的事情放在台面上，会更敢于直面员工以及自己的问题。

除了透明这个价值取向之外，说清楚也是高层领导者激励、引领中基层员工的重要手段（通过使命、愿景、战略等）。也就是说，这是高层人员技能包里面的一个重要技能。

所以，综合起来说，一个高层领导者要是能说清楚，绝对不是一个简单的表达能力问题。

说清楚就是领导者总体能力水平中冰山露在海面以上的部分。

海面以上的部分与海面以下的部分还是有正相关关系的。

在海面上什么都没有，我们怎么敢相信海面下实际上有个大冰山？

有些人会反驳说，难道就没有能干不能说的领导吗？

对于这事，我是经过了长期、反复的思考。

人要比冰山复杂得多，能干不能说的人确实有。

这种人肯定比能说不能干的人要好得多。很多人都曾被能说不能干的人耽误过、伤害过。

另外，也有很多能说的人（不管是能干还是不能干的），也曾因言获罪（因为你说过，所以证据更容易确凿）。于是，鸡被杀了，猴也被儆了。

渐渐地，能说会道就成了一个贬义词。能说的人不能干逐渐变成了很多人潜意识的人才审美。

为了增加效果，很多人还把能说的男人形容为女里女气。很多电影、电视剧里面，都还把"男生不说话"描述成"cool"。不能说、不爱说、讷于言而敏于行、老成持重才更可能是人才。

这种男性审美及人才审美非常危险。

不善于用语言、文字说清楚的男人，遇到重要矛盾冲突的时候，会用什么来沟通和解决问题？很容易就用拳头和暴力。

类似地，一个不善于说清楚的高层领导会在个人和组织层面产生更深远的影响。

个人层面，一个不善于说清楚的高层领导会用什么方式来沟通和解决问题？他们会用强制、批斗、阴谋、暗箱操作等。

组织层面，这些不善于说清楚的高层领导会喜欢什么样的中高层？很可能是善于领会、揣摩、鼓掌、背锅的中高层。领导没能力说清楚，或者不愿意说清楚，下属只好专精揣摩。这些中高层又会喜欢不问为什么但腿脚勤快的中基层下属。

层层传导，于是，整个组织的文化基调就这么被奠定了。

这种组织文化氛围会越来越不受欢迎，"95后""00后"的新人类会越来越不买账。因为新人类更渴望被用平等沟通、聆听、探询的方式对待，而不是用不沟通、压服、体罚这类过时的方式。

在现代企业组织里，我们必须也不得不提高对领导者的要求：他们必须既能干又能说。高层领导者必须具备和员工进行公开、透明的沟通的能力，必须能说清楚。

从本质上，我们甚至可以说，能干不能说这种人才审美，是奴才审美的遗留：你最好是个能干不能说的工具；你最好是个让你说什么你就说什么的傀儡；我需要你的手脚，但我不需要你的脑袋和思想。

在现代社会及组织里，我们必须通过说清楚去解决矛盾冲突。即使你个头再大、权力再大、再有经验、再有理，也得通过沟通、协商、规则、法律等这些方式去解决矛盾冲突。

一个公司的人才选、育、用、留体系，必须从基层开始就建立既能干又能说的人才审美导向。

一方面，在建立保护能说的倾向的同时，必须提高鉴别、影响和淘汰能说不能干这类人的能力。 要知道，很多优秀的人才，在年轻和基层的时候都曾经是说得比干得好的。但在后来的发展中，得到现实的反馈，他们才逐渐变得既能干又能说。对这些人，在这个初期发展阶段，我们要有适度的保护。

但需要强调的是，在保护能说的倾向的同时，必须提高鉴别、影响和淘汰能说不能干这类人的能力。不然的话，会对那些能干不能说的人非常不公平。

另一方面，对于能干不能说的人要给予明确的期望和培训。 如果这类人没有被给予既要能干也要能说的期望，他们会认为能干少说才是正确的，是组织所期望的，甚至会故意保持这种安全的姿势。另外，培训会有很大帮助。沟通及表达技巧相对来说是比较容易被培养的一种软性能力，比系统思考、事业心、冲突处理等这些能力培养起来要容易得多。

有些人会问，如果不得不在能干不能说和能说不能干之间取舍的话，应该选择何种？

我认为，这是个错误的问题。对于中层和基层来说这两种风格还有一定取舍空间。但对于高层来说，这个问题本身就是一个错误的问题。

一方面，高层已经都比较少直接动手干了。说和干本来就没有明确界限，能说就是能干的一部分。

另一方面，一个公司要想长远发展，必须能够产生既能干又能说的一代代高层领导者，不能让这种在能干不能说和能说不能干之间取舍的事情发生。对于中大型公司来说，这么多人，怎么可能产生不了几个既能干又能说的高层领导人才？

除非是过去一直选择了能干不能说的人才策略，并且落实得非常彻底。如果是这种情况，要想从能干不能说改变成既能干又能说就需要一个系统性的变革了。

变革中的一个难点就是领导者的意识进化，包括对组织想象的进化。比如，用《重塑组织》一书的分类来说，与能干不能说这种人才审美相对应的顶多是一般的、机器型的橙色组织，连高效的橙色组织都算不上。

能干能说是组织对真高管的要求，但为了发挥更大的价值，这还远远不够。

除了能干又能说之外，勇于用不平衡打破现状，是我们对真高管的另一项期待。

凡事首先追求平衡的人，往往会走向平庸。

勇于用不平衡去打破现状，才能更好地发挥真高管能干能说的优势。

优秀的一号位和高管一般都能认识到不平衡的价值和必要性，因为他们会面对巨大的生存竞争压力以及有限的资源。

他们深知，**平衡是防守，而不是进攻。进攻天然就是不平衡的，就是要通过不平衡去打破现状**。防守不好的队伍，很难获得冠军。可是进攻不行，可能小组都出不了线。

那种凡事首先追求平衡的高管，会逐渐难以共情一号位的生存竞争压力，于是就会与一号位渐行渐远。这是平庸的幕僚型高管的通病。

如果这样的高管对一号位还有很强的影响力（比如，因为合作时间长而带来的情绪影响力），则会很容易把一号位带到沟里。当然，这也要怪一号位在自己身边安插了过多这种类型的高管。

凡事首先追求平衡的人，可以胜任相对成熟企业里的中高层管理岗，但难以成为有企业家精神的职业经理人或者创业型高管。

这也解释了这样一个现象：有些创始人/一号位听到职业经理人这五个字就会炸，因为这五个字会让他们产生那种过于平衡的联想。他们知道，那种方式搞点持续改进性的事情还可以，但干不成起步及突破类、扭转类、快速增长类的事情。

但是，一定要注意，不平衡并不意味着思考不系统。

思考一定要系统、要全面。

但系统思考不是为了行动上的平衡。系统思考，对于决策者来说，很重要的就是要理解这个系统可以被拉扯到什么程度还不至于崩溃。

系统是可以容纳相当大的阶段性不平衡的。这就像人体可以做出很多非正常的、匪夷所思的、难以长时间保持的动作。站着、坐着、躺着都是比较自然和平衡的动作。但大量的优美的动作都是不平衡的：比如撑竿跳高、体操里的托马斯旋转以及很多瑜伽动作等。

当资源不足的时候，不平衡可以帮助公司取得阶段性的竞争优势和战术突破。要知道，资源的不足是绝对的、长期的。即使是对很成功的大公司，面对下一个更高的目标，资源也是不足的。

换句话说，**系统思考的重要目的之一就是：不平衡决策及不平衡行动。这个不平衡就是策略；策略的目的就是在有限的资源条件下通过不平衡使用资源去取得战术突破。**

即使是对于建立组织这样有点婆婆妈妈的事情，行动上也不能凡事首先追求平衡，也要敢于阶段性取舍（比如阶段性重视招聘但忽视培训，阶段性重视价值观但忽视学历，等等）。

我们对于平衡的不警惕与我们的教育经历有关：我们的体系比较鼓励平衡和均好：语文、数学、英语、物理、化学、政治、生物、地理、历史、文艺、体育、劳动，每科都要好，总分才能高。同时，父母也通过过度养育来助力平衡和均好。

从短期看、从个人层面看，这种方式确实取得了平衡和均好。可是，从长期看、从群体层面看、从下一个竞争层次看，这种平衡和均好就容易导致平庸。

如果说系统思考及平衡是中层管理者、一般高管、职业型高管的基本功的话，不平衡就是真高管、创业型高管的必修课。如果一个承担了高管责任的人，不注意去超越凡事首先追求平衡的思维方式，则他们很难成为真高管，也很难在创业型高管团队中成功。凡事首先追求平衡，看似规避了风险，但实际是承担了不冒风险的风险。

广泛收集意见，和少数人商量，独立做出决策；大处着眼谋篇布局，小处着手攻坚克难，以点带面星火燎原。类似这样的说法，其背后所表达的理念都是系统思考之后的不平衡决策、不平衡行动。

这种追求平衡和均好的倾向，不仅体现在做事上，也会体现在人际关系处理上。那些特别重视平衡的中高管，很容易做到周到、细致、温暖，但容易与人只建立面上的浅连接，而不是局部的、深入的连接。这种局部的、深入的连接也是一种不平衡：不是一个人和一个人的全面连接，而是一个人的一部分和另外一个人的一部分的深入连接。试问：有多少人可以在各个方面都能与你有深入连接？

当然，我们不能走极端。确实也有些人（尤其是一些创始人），特别善于不平衡，甚至达到了过度使用的程度。他们甚至会特别反感像管理、平衡、职业这样的词。如果到了过度使用的程度，那也是非常有害的。我们可以不欣赏纯粹的管理者、一般职业经理人，但我们不能反对管理能力。我们需要大量有管理能力的创业型高管。一个创始人，如果认识不到管理的重要性，也很难建立组织，很难成为真正的企业家。

当然了，不平衡是一种需要习得的能力，不只是个人意愿和认知的问题。很多创始人／一号位在劈头盖脸地批评高管过于追求平衡时，很容易只是把它当作一个意愿问题、认知问题。实际上，有些人难以做到不平衡，本质上是缺乏深入思考和洞察、策略性思考的能力；有些人在管理和人际上追求平衡，本质上是规避冲突，或者安全感匮乏，或者是来自讨好型人格。这些都不是意愿和认知的问题。我们探讨的目的是能扩展读者对于不平衡这个事情的认知，但解决不了一部分人难以做到不平衡背后的能力、性格问题。

最后总结一下，真高管不仅要能干能说，还要敢于打破平衡。凡事首先追求平衡的人，往往会得到平庸。平衡与平庸之间就是一步之遥。系统思考的重要目的之一就是不平衡决策和不平衡行动。不平衡就是真高管、创业型高管的基本功。

真高管，是职责/角色的四合一，就像一个优秀的妈妈

作者：房晟陶

真高管的一个核心特点是职责/角色的四合一。

在了解职责/角色包含什么之前，先听我讲一个小故事：

我原来在宝洁工作的时候（那时候我还比较年轻），遇到过这样一个案例：一个女高管，每生一个孩子，就升一级；生了三个孩子就升了三次职。

当时我觉得很神奇。现在回想起来，这事也非常有道理。

那些能够培育好孩子的女性，她们在精神实质上，已经充分理解和实践了真高管这件事。能把孩子培育好，不比做个高管容易。

因此，我理解中的真高管，就像一个优秀的妈妈。

为什么我说真高管像优秀的妈妈，而不是优秀的爸爸？且听我细细分析。

在过去的三年多里，我对真高管的理解不断丰富和迭代。

真高管是不是就是"胜任的CXO"？比如胜任的CFO（首

席财务官)、胜任的CMO（首席市场官)、胜任的CTO（首席技术官)？

我认为这种定义不合适。对于大量处于创业期、成长期的中小公司来说，都没有CXO甚至VP，难道这些公司就都没有真高管了吗？

绝对不是。**真高管不能成为规模、层级、职位名称的别称或者附属品。**

首席组织官对于真高管的定义和衡量标准是：**那些在所辖领域里，对内可以领导一号位及高管团队，对外可以代表公司竞争力的人。**

在这种定义下，一个人即使有大公司CXO的职务名称，如果达不到这两条要求，那他也不是真高管。同时，那些小公司里面看起来稚气未脱的领导团队成员（可能是总监或者经理）也可能是真高管。

同时，这种定义也让真高管有了时间、空间的动态性：你过去曾是真高管，但是，在新阶段你可能就不是了（如果你在新阶段已经不能代表公司竞争力）；你在这个公司是个真高管，换到另外一个公司可能就不是了。

反过来讲，一个人即使不是一号位的直接下级（比如说是个D-1)，只要他能够满足上述那两条标准，那他至少也是个"准真高管"。这就使得真高管进一步脱离了层级和职位名称的束缚，成为一种人才审美和人才标准。

那么，真高管究竟是管理者，还是领导者？

真高管既不是传统意义上的管理者，也不是管理者的升级版领导者。

真高管的核心特点是职责／角色四合一，如图 5-5。

图 5-5 真高管的职责／角色四合一

哪四类职责、角色？

用一个公式来说明：**真高管 = 操作人员 + 专业技术人士 + 管理者 + 领导者。**

- 在需要的时候，可以亲自动手做简单重复性的事（操作类职责）；
- 在需要的时候，也要做规划、设计等专业的事（专业技术类职责）；
- 不仅要自己干活，还要带人干活（管理类职责）；
- 不仅是协调管理，还得探索方向（领导类职责）。

从角色角度，打个比方来说，一个真高管，经常要做工兵、狙击手（操作人员、专业技术人员），很多时候又得变成班长（一线管理者：得带人一起干活），也要当连长和指导员（协调目标及行动，发展骨干人才，指导他人带团队，做思想工作），还要当团长（制定目标和战术，提升组织能力，参与战略共谋）。

我再以优秀的妈妈这个视角来进一步说明，这种四合一不仅是必需的，而且还是自然的。

每个妈妈在培育孩子这件事上，都得是四合一。优秀的妈妈和真高管一样，都是复合类角色，都不能挑活儿。

- 培育孩子有很多操作工作。吃喝拉撒这些事，都是重复性的工作，你得重复千万次地做。给孩子做韭菜合子，送孩子去海淀培训班，这些事谷爱凌她妈妈（以及她姥姥）都要干。
- 带孩子有没有专业技术？为什么你要读很多书？好妈妈为什么胜过好老师？你孩子要是有多动症怎么办？每个妈妈都是半个医生，小毛病你能不能迅速做出预判和行动？没超过38.5摄氏度你敢不敢给孩子服药？什么是青春期？
- 带孩子有没有管理工作？你怎么管理阿姨？你怎么管理孩子的回家时间？怎么管理和学校老师的关系？如何与孩子的爸爸分工协作？孩子沉溺于游戏怎么办？
- 带孩子需不需要领导？如何帮助孩子选择人生方向？比

如，谷爱凌为什么会选择这几个项目呢？如何处理"问题爸爸"？如何处理老人对孩子的溺爱？怎样激发孩子的主动性和事业心？这些都是领导类工作。

这四类事情，没有哪类不重要。

很难说哪类比另一类更重要。给孩子选定人生方向就比培育孩子重要吗？领导就比操作更重要吗？肯定不能这么说。

视角切回企业中，又操作，又专业技术，又管理，还领导，这样的要求是不是很高？

要求确实很高。

不过在创业期、快速成长期、二次创业期、变革突围期以及要实现产品创新、技术创新、管理创新时，要求本来就很高。

也就是说，这种"四合一"的要求是由他们要承担的责任决定的，而不是有谁故意为难他们。

要想干成一些重要的事情，操作、专业技术、管理、领导，这四类事务都是避免不了的。这四类事务是一个事情不可或缺的组成部分。

举个简单的例子，一个CHO想帮助公司建立"管理培训生机制"。他都要做些什么工作呢？

- 操作工作。面试属于操作工作。管理培训生面试的前100次还有点新鲜感。从第100次到第1000次的面试，这个CHO能够不断地重复做好吗？与最初几批管理培训生的交流，倾听他们的诉求，让大家感受到重视，这些也是重要的操作工作。
- 专业技术工作。确定招聘标准、设计面试评估表、开发面试技巧培训资料、设计招聘流程就是专业技术工作。让招聘经理百度搜索，一小时随便设计出一个面试评估表就行了？面试评估表，没有相当的专业功底是设计不出来的。
- 管理工作。管理招聘团队、管理外部分供方资源、反复培训业务中高层的面试技巧、每年规划招聘人数等就是管理工作。
- 领导工作。影响一号位及高管团队决定引入管理培训生机制、让领导人长期重视参与、在公司困难的时候还能持续坚持这些都是领导工作。

上面这四类事务，任何一方面的疏忽，都会导致管理培训生机制流于形式，最后就退化为一个校园招聘，几年后就无疾而终了。

像管理培训生这样的一个不是非常大的事，要想干成，都得四合一，更何况其他更大的事。

让一个人什么都干，会不会因为分工不足导致整体效率不高？

有的时候确实效率不高。因此随着公司业务模式明确性的提高、组织规模的扩大，是需要进一步分工的。

就好比妈妈养小孩，孩子由小变大，这四类事务的时间、精力占比是不断变化的。对一个幼儿来说，操作类的事务会占较大比例。孩子大了，操作类的事情会少一些，但领导类事务会变成更主要的挑战。

一个真高管就要通过发展组织去沉淀操作能力、专业能力、管理体系，这样，真高管就可以花费更多的精力去做领导工作了。

但是一旦到了二次创业、变革突围、产品/管理创新的挑战的时候，就绝对不能分得那么细了。

很多男性不能成为真高管，其中一个原因就是他们不理解操作、专业技术、管理、领导这四个方面不可切割的关系。所以，他们就难以把握更根本的规律，容易整天沉溺在所谓的面子这类事情上，变成了工具型高管。

比如，如果有些 VP 说，我手下得有三个总监，还得有一两个专业人士，不然事情怎么推进啊？总监然后会说，我这下面得有三个经理才行，你不能让我直接管一线操作人员啊。

这种范儿，是难以把二次创业、变革突围、产品/管理创新这种事情做成的。

当然，这四个方面绝对不是平均分配的，这四项之间也有一定的代偿性。就好比一个优秀的妈妈管理能力很强，就可以通过管理好阿姨减少自己的操作类工作的量。管理能力不强，阿姨频繁离职，你就会被拉进操作类事务的旋涡。你操作能力很强也可以代偿领导方面的不足。

同理，一个高管，可以用自己在某方面的强项去代偿弱项：比如用管理能力代偿操作能力；用专业技术能力代偿管理能力；用领导能力代偿管理能力。

有人会挑战说，这样真高管的要求不就成了对创始人／老板的要求了吗？

真高管和创始人／老板的核心区别在于风险承担程度不一样：与真高管相比，创始人／老板要额外对商业模式、资金、政策风险等这些事情承担更多责任。

除了这些，其他的事情，真高管和创始人／老板并没有本质区别，创始人／老板也需要四合一，真高管也得四合一，尤其是在创业期、快速成长期、二次创业期、变革突围期。

另外，还有几点注意事项。

第一，真高管主要有两种类型：有企业家精神的职业经理人；有职业经理人能力的事业合伙人。

前者略偏职业，后者略偏创业；前者略偏管理，后者略偏领导。

注意，都只是"略偏"而已，职业和创业必须兼容；管理和领导必须兼容。

没有创业精神的职业经理人，不能成为真高管；没有职业经理人能力的事业合伙人，也逐渐不再是真高管。

第二，真高管成活的前提是：有职业经理人气质的企业家。

这里面有两个关键词：企业家、职业经理人气质。

创始人要在三个方面努力，才可以成为有职业经理人气质的企业家。这样的有职业经理人气质的企业家才能吸引、发展、保留真高管。

- 创始人／一号位要尊重职业和专业。如果创始人认为只有当老板才是上等人，这种优越感会让真高管敬而远之。
- 创始人／一号位对于权力要有自我约束能力。不然，对高管来说，工作环境就会变成伴君如伴虎。真高管可不愿意当个奴才或者太监。
- 创始人／一号位要有对建立组织的长期坚持。如果只想靠人才去成事，会对高管有不切实际的期望。真高管既不是万能的，也不想用自己的个人能力绑架公司。

创始人在以上这三个方面没有根本问题，这样的创始人／一号位才可能被领导。

这样，真高管才可能满足第一个要求：对内可以领导一号位及高管团队。

第三，真高管可以有不同的风格，但有共同的精神实质。

风格的不同就来自这四类职责／角色的配比不同。

有些人强于操作，有些人强于专业技术，有些人强于管理，有些人强于领导。

就好比每个优秀的妈妈的风格都不一样。

有些妈妈强于操作，有些妈妈强于专业技术，有些妈妈强于管理，有些妈妈强于领导。

有没有哪个风格是最好的？肯定没有唯一正确的组合。

即使外在风格不一样（doing 层面），内在的精神实质（being 层面）却都是非常相似的。优秀的妈妈都有使命感、无条件的爱，都在用生命影响生命。

不过在企业中，有不同风格就会有冲突。

那些强于专业技术的人，很容易看着那些强于管理的人不顺眼，觉得他们没有真才实学，靠揣摩领导过活。同理，那些强于管理的人，会觉得强于专业技术的人幼稚，人际界面不友好。而那些强于操作的人，看着那些强于管理和领导的人，会觉得他们就是动嘴的剥削者。

冲突的背后也有一个根本原因，对于不是你强项的那些事情，你理解其门道，认可其价值吗？

你真的理解和认可管理的价值吗？你真的理解和认可专业技术的价值吗？你真的理解管理和领导的区别，认可它们各自的价值吗？

正如中国自古以来因男女差异导致的冲突，100年前，中国社会传统的分工就是"男主外女主内"，女性在家里负责操作，男人负责领导，管理工作谁负责因家庭而异。

结果，那些所谓的领导者不理解操作者的日常苦衷。操作者陷于日常事务，没有见识，也理解不了领导者的高屋建瓴的方向。两个角色之间没有有机联系，于是也产生不了真正的专业。

从整个社会的角度来说，这种传统的分工也已经不能接受：这样培养出来的孩子没有竞争力。

同时，21世纪的中国女性已经难以接受这种结构性的不公平。很多优秀的女性人才，远没有发挥出她们的能力和潜力。我认识的很多女性职业人，确实都因为孩子而不得不放弃很多非常好的机会。性别平等的问题还是任重而道远。

性别平等的问题还是先放一放，我们来继续聊一聊"真"

高管与优秀的妈妈的相似之处。

真高管与优秀的妈妈还有更深一层的相似性：要想成为真高管和优秀的妈妈，还有"being"层面的比较相似的要求。

优秀的妈妈会带着天然的使命感、无条件的爱来处理孩子在成长过程中的各种模糊混乱和不确定性。而且，对不同的孩子不能搞"一刀切"。

同理，如果高管没有带着使命感、爱，不能去应对那些模糊混乱、不确定性，这样的高管就只能成为做标准动作的一般高管了。更有甚者，有些高管会成为做假动作的伪高管。

第四，一个公司，也不可能总是一帆风顺。

一个公司的人才培养目标，首先应是为风不平浪不静的时候准备的。

即使现在公司是风平浪静，形势一片大好，真高管也必须居安思危，怀揣着一颗对人才的关爱之心以及对公司无条件的使命感，去培养那些能够帮助公司克服未来困难和挑战的人才。

一个公司的人才体系的核心、长远目标就是要让真高管源源不断地产生。

不然，到了危难时刻，只能是国难思良将，悔之晚矣。

最后总结一下，真高管是一种人才审美和人才标准。首席组织官对于"真高管"的定义和衡量标准是：那些在所辖领域里，对内可以领导一号位及高管团队，对外可以代表公司竞争力的人。真高管的核心特点是职责/角色四合一：真高管＝操作人员＋专业技术人士＋管理者＋领导者。

真高管就像一个优秀的妈妈。优秀的妈妈与真高管不仅在表层的职责/角色四合一方面非常相似,而且在内在精神实质上也是非常相似:使命感、无条件的爱、用生命影响生命。(相关延伸内容可以扫描本章末的二维码,观看视频《真高管的核心特点是职责/角色"四合一"》)

17

专业、职业、创业精神是中年高管的三大普遍挑战

作者：房晟陶

前面我们已经阐述了真高管的能力及素质要求，接下来我们聊一聊两种高管在成为真高管过程中可能遇到的挑战和陷阱。

首先，我们来聊一聊中年高管可能遇到的挑战。

我对中年人的定义是这样的：

准中年人：40—44岁；

标准中年人：45—54岁；

资深中年人：55—59岁。

对于中年人来说，重新出发的目标不应该是夺回青春，而是要找到那种从心所欲不逾矩的自由。

在这届中年人中，有一类人是我过去几年接触比较多的：中年高管。

本节就重点谈谈中年高管的发展问题。

我观察到的现象是，很多中年高管都在努力突破自己，但是经常效果不好。

为什么呢？我观察和总结了以下四个方面的障碍。

第一个肉眼可见的障碍就是缺乏刻意练习的时间和机会。

在工作中，老板向他们要结果，中基层向他们要答案。

在家庭里，上有老下有小，中间还有另一半。

剩下一些时间还得抓紧锻炼这日益松垮的身体。哪来大块的时间去刻意练习？

另外，你若不会做，老板/一号位哪敢把重要的事情交给你做？这学费公司能交得起吗？可是，要是不交给你做，你怎么能有练习的机会？老板/一号位也是进退两难。

学习学习，一方面是"学"，一方面是"习"。这批中年高管"学"倒是学了很多，但是"习"的机会和时间都不够。如此这般，焉能学会？

第二个明显的障碍是老师难找。

很多中年高管在基层、中层的时候都是高潜人才，有人稍微点拨就可以学会，经常可以无师自通。

但是，到了高管层面，他们中的绝大部分人就不再是高潜人才了。

对于这些中年高管来说，要想学会一个新东西，也得经历"我做你看，我说你听；你做我看，你说我听"这样的一般性的学习过程。这些中年高管在中基层的时候，是多多少少比较鄙视这种学习方式的，因为这些当时的高潜人才认为那是一般人的学习方式。

没想到，自己现在也要变成一般人了。

接受自己也是个一般人需要很大的勇气，也需要比较长的转换时间。

即使能成功转换心态，也会迅速遇见困难：很难找到可以"我做你看"的老师。于是，第一步就卡壳了。

这些中年高管水平都已经不错。要想找到令他们心服口服的老师不太容易。我们的社会也没有沉淀出很多既会做、又会总结、还会教、学费还不太贵的老师。

第三个障碍是中年高管们普遍难以引起他人的发展欲。

什么是发展欲？我们看到一个天真烂漫的小孩、懵懵懂懂的青少年，我们会产生发展欲。发展他们能很快得到正反馈，成就感远远大于挫折感，所以很容易让人产生发展欲。

可是，当我们面对中年高管的时候，得拨开重重迷雾，才能开始发展，如图5-6。

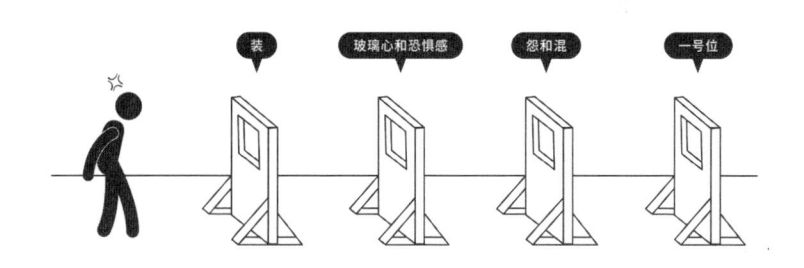

图 5-6 中年高管突破自我的四个障碍

第一重迷雾是"装"。 很多中年高管不愿意承认自己不会，还特别善于通过这里学点、那里学点成为知道主义者。你确实知道，但知道仅仅是知识和信息层面的，从知道到会干，还差着十万八千里。不过，因为你确实知道，对于绝大多数不明真相的群众来说，还是可以装得过去的。

第二重迷雾是玻璃心和恐惧感。即使决定不"装"，他们的舒适区和恐慌区之间的学习区特别薄，很容易进入恐慌区，你不得不花费大量精力先让他们感到安全。如果不慎给了一点强烈的负面反馈，就很容易说你是评判和贴标签。

第三重迷雾是怨和混。这世界最不缺的就是找到可怨的事情。新技能没学好，事情没做好，就怨环境、怨行业、怨老板、怨同事；自己走不快，就怨别人走得过快；跳来跳去，不用明确的结果来衡量自己；聚集一批同类抱团取暖，把水搅浑。

还有很多其他各式各样的迷雾。

揭开层层迷雾就已经让人心力交瘁；发展还没开始就已经结束。

第四个重要的障碍来自老板、一号位。

中年高管不仅难以让人产生发展欲，还很容易让人尤其是老板、一号位产生修理欲。

在老板、一号位意识里，高管们似乎已经不应该有情境领导力里面所描述的低能力、低意愿的状态了。但实际上，大量的高管在众多新挑战下都处在这种状态中。

能力不行，意愿也不高，还有装、玻璃心和恐惧感、怨和混这些毛病，老板、一号位自己又给不出具体的指令和指导（因为自己也不懂），再加上面临巨大生存竞争压力的老板、一号位们也没那么宅心仁厚，于是很多老板、一号位就采用了简单粗暴的方法：丛林法则，以赛代练，结果导向，不行就换。

于是乎，运气好的时候平步青云，运气不好的时候就被弃若敝屣。

被弃若敝屣的时候，甚至都引不起多少人的同情，因为这些中年高管不会被视为弱者。还有很多人更需要得到同情和关心，他们不应该成为被关心爱护的对象，象征性地慰问即可。

老板、一号位这么"暴力"，中年高管们也就有样学样了。于是，各种负面的情绪在组织里面迅速泛滥，组织会逐渐变成一个大酱缸。这种大酱缸氛围肯定就不是一个良好的学习氛围了。

怎么办？这届中年高管到底咋发展？

实际上，这批中年高管才 40—45 岁，他们普遍还可能有 20 年的年富力强期。他们既是一个个公司的重要人力资源，也是这个社会的重要人力资源。

除了他们自己鼓起勇气、不断自我突破之外，这个社会可以帮助他们做点什么？

以下是几个观察和思考，希望对读者有所启发。

第一个观察和思考是：很多中年高管都倾向于把问题个性化，认为自己遇到的问题是独一无二的。

我认为，这是一个误区。如果每个中年高管都需要一个私人教练，那么这个问题就没法解决了，因为成本也太高了。

确实，每个人都有自己的个性，但是中年高管遇到的很多问题都具有普遍性。

比如，在我的观察中，**专业精神、职业精神、创业精神就**

是中年高管的三大普遍挑战。创业型高管（把一个公司从无到有建立起来的人）普遍缺乏职业精神，甚至有点看不起职业精神；职业型高管（在成熟的公司有过很长的经历的人）普遍缺乏创业精神；创业型高管、职业型高管两者共同都缺乏专业精神。

这三个普遍挑战有点像现代人常患的三种疾病（只是举例，可能不够准确）：第一，心脏病；第二，糖尿病；第三，腰痛。这三个疾病，对个人来说，得上的时候都是第一次；但是对这个社会来说，这几个疾病都是常见病。

有了普遍性，就有了规模经济的可能，就有了解决的可行性。

专业精神、职业精神、创业精神这三者在根子上都是连着的。在一个方面有所突破都会增进对其他两方面的理解。比如，真正有职业精神的人一定会注重专业精神，尊重创业精神；真正有创业精神的人，一定会更需要专业精神和职业精神；而真正有专业精神的人，很容易与有职业精神和创业精神的人找到契合点。

第二个观察和思考是：我们的企业已经到了迭代成功标准的时候。

企业为什么存在？在人的这个维度上，企业可以提供什么？如何再平衡员工、客户、股东、社会之间的关系？

上一代的企业（尤其是民营企业）的发展模式和成功标准，普遍仅适合于18岁到40岁的人。个别企业即使想突破这个，也不敢贸然行动，因为你这样做了就很容易失去竞争力。

如果成功标准不能迭代，则这个问题就很难从结构上、根本上有所改观。

现在是否已经到了一个可以迭代发展模式和成功标准的时候？

我还不能百分之百肯定地回答。但是，我观察到，这个社会已经有了一定的准备度，已经有了一定再平衡的条件。

企业里的"早鸟"可以先谨慎地行动起来了。

成功标准迭代的关键是要把促进人的长期、全面发展作为企业重要的成功标准。 能不能把18—40岁扩展为18—65岁？能不能把工具人、技能包迭代为身心整合的人？促进人的长期、全面发展不仅对于员工有价值，也是企业对社会的一个重要贡献。

我认为对于美好组织的标准之一就是充分发展的个人。 如果企业只能容纳18岁到40岁的人，用完了就被扔掉（或者自己放弃），这离美好组织就差得太远了，如图5-7。

图 5-7 充分发展的个人

第三个观察和思考是：我们需要一大批真正的专业人士。

如果没有一大批专业人士，一些宅心仁厚的老板／一号位想给中年高管们找"家教"都找不到。

在前文中谈到中年高管的三大普遍挑战就是专业精神、职业精神、创业精神。职业精神和创业精神，更多取决于企业内的导向，老板／一号位可以起到很大作用。但专业精神和专业能力是外部力量可以大力帮助企业的。

在一个组织内，创业精神和职业精神之间很容易产生情绪对抗（相互看着不顺眼）。但专业精神可以成为相对中性的力量，起到一定的代偿、盘活作用。

什么是专业人士？想成为真正的专业人士，既需要过硬的专业能力，又需要深刻的服务精神。

专业人士不能只有教练技术，必须得有点精深的专业能力。我们需要很多人在各自狭小的领域钻研进去，替其他人研究学习。这是个群体层面的相互依赖：我为人人学，人人为我学。

我要特别强调狭小的领域。在现在这个时代，没有谁能够成为百科全书式的全才。无所不能的专家无一例外都是骗子。

什么是服务精神？最高的标准就是：用生命影响生命。 怎么理解"用生命影响生命"？从特雷莎修女的心法中可以找到答案：

> 人们经常是不讲道理的、没有逻辑的和以自我为中心的。不管怎样，你要原谅他们。
>
> 我们常常无法做伟大的事，但我们可以用伟大的爱去做一

些小事。

如果爱至成伤，你会发现，伤痛尽失，却平添爱意。

爱的反面不是仇恨，而是漠不关心。

要发展这些中年高管，和发展调皮捣蛋的中学生一样，真的需要一点深刻的服务精神。

另外，我们还需要一些能够培养专业人士的人。要培养专业人士，更加需要专业能力加上服务精神。判断一个专业人士是否优秀的重要标准就是其能否带出其他专业人士。

以上三点只是一些初步的观察和思考，远还不够系统。把这些观察与思考分享出来就是想表达一个观点：我们的社会需要沉淀出来更多的助力中年人发展的能力。这个能力对于中年高管个人、企业及企业家、国家及社会都是一个必要而高价值的能力。

没有这个能力，我们的人才有效期实际上只是18—40岁。有了发展中年高管的能力，我们才可以让人才有效期加倍。

18

从中层到高管，时间分配的四大陷阱

作者：左谦

知晓了中年高管在成为真高管过程中的普遍挑战后，我们继续谈谈中层管理者在这一过程中可能遇到的陷阱。

大部分高管都是从中层成长起来的。高管的工作场景和中层的工作场景有很大不同，时间的分配也很不相同。

时间最不偏私，对每个人都一样。然而，同样的时间长度，不同的分配方式，可以产生不一样的价值。

判断一个人是否成功完成了从中层向高管的角色转变，可以有一个简单的参考标准，就是看他的时间分配。一个人从中层成长为高管，如果在时间分配上不做相应的调整，还延续任职中层时候的状态，很可能无法创造出与高管角色相对应的价值，最终在高管角色上折戟沉沙。

从中层成长为高管的过程中，在时间分配上容易掉入四大陷阱。之所以称为陷阱，是因为人们经常深陷其中而不自知。而这种不自知，反映出一些无意识的假设。

陷阱1：深陷于内部管理，分配于外部性事务的时间不足，如图5-8所示。

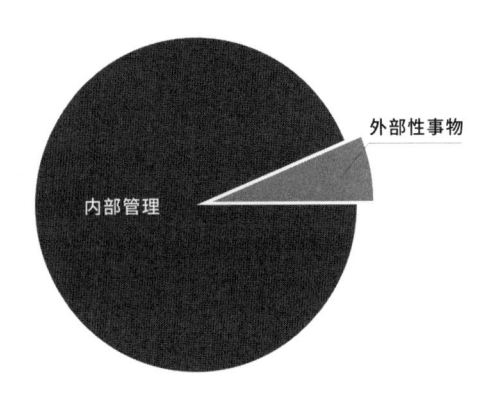

图5-8 深陷于内部管理，分配于外部性事务的时间不足

高管即高层管理者，这个称谓容易让人误解，甚至给人一种错觉：中层管理者到高层管理者只是量变，只是所辖业务规模、预算额度、团队人数不同。事实上，高管应该是高层领导者，从中层管理者到高层领导者不仅仅是量变，更是质变。

中层管理者的主要工作场景偏内部管理。比如：链接高层设定的战略目标，在所管辖团队内分解为关键任务和举措；人员调配，明确内部分工和职责；帮助下属进行绩效规划；定期检查、评估、复盘、反馈、辅导；等等。内部管理在中层管理者的时间分配中占据不小的比重。

从中层管理者成长为高管，内部管理的工作场景要有所保留，但不能深陷其中，还有很多重要的外部性事务在向高管招手。比如，主动和客户、外部合作方、同行高管、行业协会、政府主管部门交流，获取关键信息，判断和理顺主要矛盾；了解外部竞品分析、市场发展趋势、用户调研反馈，及时做出战略和战术调整；基于公司品牌及公共关系管理要求，刷脸、应酬、站台，以帮助公司吸附外部资源；等等。

这些外部性事务，可能不像内部管理那样规则清晰、套路明确、有章可循、结果可期，但它们却是高管的高价值贡献领域。内部管理好比造船，但造船的目的不是停在港湾做摆设；外部性事务就是感知风向、判断洋流、识别暗礁，帮助船只去迎接大风大浪的挑战。

陷阱2：陶醉于自辖团队，分配于高管团队的时间不足，如图5-9所示。

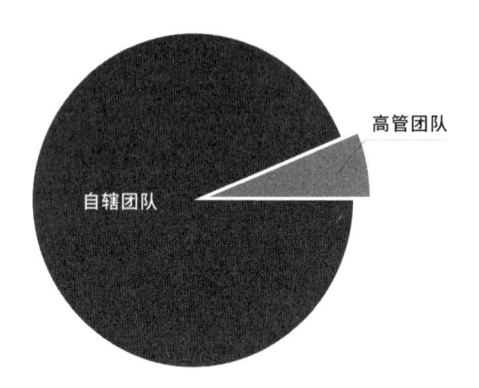

图5-9　陶醉于自辖团队，分配于高管团队的时间不足

高管个人能力都很强，往往都自带战术体系，可以独当一

面，在开展工作的时候，独立要多于相互依赖；高管通常比较忙，出差、考察、外部事务等占据了不少的时间，高管们在一起碰面的机会可能也不多；在高管团队开会的时候，经常 PK 得火星四溅、充满张力……如果以中层管理团队的衡量标准去看高管团队，你会发现，高管团队是最不像团队的团队。

与此形成鲜明对比的是，在高管的自辖团队中，大家彼此依赖相互支持，团队成员经常见面，对和谐有较高的期待……所以，高管的自辖团队显然更像个团队。而且，高管可以在自辖团队内决定资源的分配；其他人向高管汇报，唯其马首是瞻，高管很容易获得掌控感。因此，自辖团队就像高管的自留地，高管陶醉于自辖团队也是人之常情。

自辖团队和高管团队哪个是高管的第一团队，这是个需要严肃面对的问题。毋庸置疑，高管团队应该是高管的第一团队。高管首先应该是高管团队的一员，然后才是自辖团队的领导人，高管思考问题应考虑公司整体再看局部。

将"高管团队"当作第一团队，高管个人就要主动增加对高管团队的时间投入。比如，参加高管会议之前，准备好议题的提案，供高管会上高质量地讨论；在高管会上，参与公司重大经营决策的讨论，而不是事不关己高高挂起；在高管团队中，发现问题敢于和善于举手，而不会担心谁举手谁就要背锅负责；在日常工作中，有意识地和其他高管建立深度工作关系，保持关键信息通畅，就一些重大问题随时交换意见；等等。

陷阱 3：痴迷于战术实现，分配于战略协同的时间不足，

如图 5-10 所示。

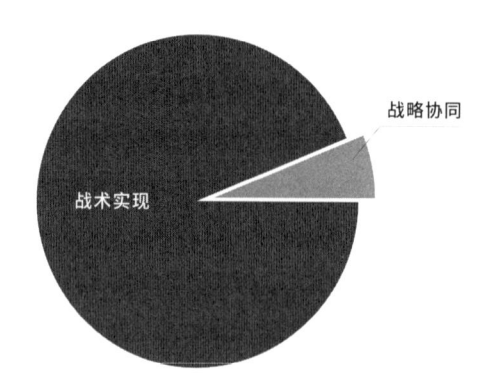

图 5-10 痴迷于战术实现，分配于战略协同的时间不足

从中层成长起来的高管，往往在中层经历过足够的战斗考验，拥有过硬的专业能力或某些专长的看家本领。战术实现会给中层管理者带来很强的满足感，也会带来职场的安全感。

当中层成长为高管，能力要求随之发生了变化，除了中层的专业能力要求，更需要高管的战略协同能力要求。高管的战略管理能力并不是一天修炼而成的。于是，从中层发展到高管的过程中，由于高管个人还不能熟练使用战略协同这个新拐杖，就会自然依赖战术实现这个旧拐杖继续前行。

如果体现在时间分配上，高管会热衷于和下级抢活干，和下级一起享受战术实现的快感；而没有意识把时间预留出来，从局部地形中抽身去俯瞰全局地图，去思考战略方向和路径选择。

这种情况下，高管实际是以战术的勤奋掩盖了战略的懒惰，说得严重点，是失职。而且，高管在战术实现方面和下级无意识地争奇斗艳，最后的结局并不是"强将手下无弱兵"，而是"大树底下不长草"，高能级的人才不会久留。

陷阱4：执迷于持久苦战，分配于回血赋能的时间不足，如图5-11所示。

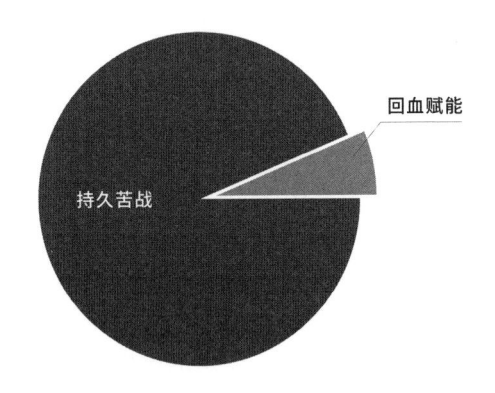

图5-11 执迷于持久苦战，分配于回血赋能的时间不足

从中层升任高管，会突然感觉到各种信息扑面而来，各种待办接踵而至，各种会议前赴后继，各种矛盾此起彼伏……任职中层的时候，遇到类似问题，向上级求助属于天经地义，不求助反而有问题；但是在做高管的时候，遇到这些挑战，却经常求告无门，毫无退路。

高管不敢轻易暴露自己阶段性的无力感。如果求助一号位，一号位会不会觉得所托非人？如果咨询其他高管，其他高管会不会觉得你难当大任？如果让下级知道，下级会不会认为你软弱无能，不值得跟随？

于是，很多新任高管，很容易采取一个简单且貌似有效的办法：加大时间投入，硬扛。以前996，现在007；以前还奢望工作生活平衡，现在认定了生活就是工作，工作就是生活；放下训练到位再上岗的幻想，扑上全部身心去以赛代练。

很多新任高管在晋升高管1年后的体检时发现，身体各项指标都朝着不好的方向发展，更有甚者开始轻度抑郁。本来可以是个马拉松长跑，沿途还能看看风景；却变成了一个接一个的短跑，一次次冲刺完成后，却发现等待你的永远是下一次冲刺。这种持久苦战让人有种错觉，最后胜（剩）出主要靠体力/精力。

其实，高管也需要有从日常工作中抽离时间，时间长度不是关键，抽离的质量是关键。这段抽离可以很好地帮助高管回血赋能。

抽离的方法有很多种，比如，在忙完一段工作后，给自己一个心理暗示，想象有个抽屉，把它拉出来，把未尽事宜都放进去，然后合上抽屉并上锁，告诉自己回头再继续处理。抽离出来后，你便可以用你自己的方式去花时间，陪家人吃饭，和朋友喝酒吹牛，和球友挥汗如雨……如果你一定要很功利，觉得一定得和工作有点关系，那就去看书、上网课、参加线下培训，世界发展太快，三板斧用到退休肯定不行，身居高位也要通过不断学习实现回血赋能。

以上就是在从中层成长为高管的过程中，在时间分配上容易掉入的四大陷阱。时间分配背后体现了高管的工作方式和中层的不同，比如，高管更加关注外部要素，中层相对更关注内部管理；高管更加关注全局，中层相对关注局部；高管更加关注战略，中层相对关注战术；等等。

也许你会说，这些道理都很容易懂，都是常识。但是，如果你真的去观察高管实际的时间分配，你会惊讶地发现，这些所谓的常识很可能只是"应是"，还没有变成"实是"。

祝愿已经陷入上述陷阱的高管早日迷途知返，希望正不知不觉接近上述陷阱的高管望而却步。以卓别林的一句话共勉："时间是一个伟大的作者，它必将给出最完美的答案。"

你的完美答案是什么，将由你的时间分配决定！

延伸阅读

5.【视频】《那么普通却那么自信？真高管得有点"钝感力"》

6.【视频】《真高管的核心特点是职责/角色"四合一"》

6

使命愿景价值观：
道不同不相为谋

真才实学的"真"
真情真我的"真"
追求真理的"真"

前面我们解释和探讨了一号位、外部适应性、真高管三个要素以及三个要素之间的连接和关系。接下来，我们来谈谈真高管团队的第四个要素：使命愿景价值观。为什么使命愿景价值观是继真高管之后连接一号位和外部适应性的第二要素？使命愿景价值观在打造真高管团队上又有哪些区别于过去传统认识的地方？如何帮助企业和组织塑造使命愿景价值观？

首先，虽然我们在第 2 章已经初步解释了使命愿景价值观是什么以及它们的重要性，在这里，我们再来详细展开谈一谈使命愿景价值观对于真高管团队的重要性。

其次，我们来解释如何共创使命愿景价值观。在此，我们提出了六个关键问题和两项重要提醒，帮助大家找到和塑造自己企业和组织的使命愿景价值观。

最后，我们来谈一谈高管个人为什么要找到使命愿景价值观。对高管而言，如果没有使命愿景价值观，可能越学习越焦虑，相反，如果明确了使命愿景价值观，则会给高管带去存在感、专注感和沉静感。

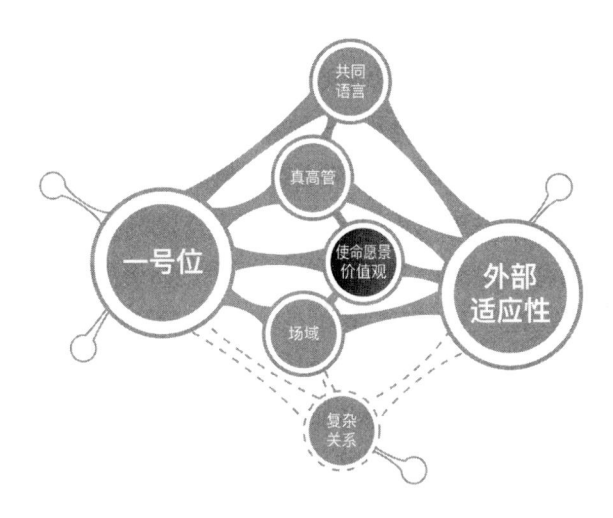

```
         共同
         语言

         真高管
一号位              使命愿景    外部
                 价值观     适应性
         场域


         复杂
         关系
```

塑造共同的使命愿景价值观是真高管团队的必修课

作者：房晟陶

一个人怎样才能真正认识到使命愿景价值观的重要性？

对于认识使命愿景价值观这件事，有间接经验与直接经验两种了解方式，间接经验指的是通过看书、参加培训/演讲、观察成功组织的做法，等等。与间接经验相对应的是直接经验，即个人通过亲身实践去逐渐形成自己对这个问题的真正认识。

仅仅通过间接经验就能认识到使命愿景价值观的重要性吗？

我的观点是，**对使命愿景价值观这件事，绝大多数人都得从直接经验中真正认识到使命、愿景和价值观的重要性。**

但是，比较有挑战的是，能为使命愿景价值观这件事提供直接经验的场景非常有限。

当一个人身处创业期的组织中时，经常会感受到使命与活命的冲突，不仅会觉得使命愿景价值观是唱高调，部分人甚至会认为那就是作死的毒药。

当一个人身处一个有使命愿景价值观的组织里（比如那些相对已经基业长青的组织），经常会觉得使命愿景价值观理所当然，得来全不费工夫。鱼在水里的时候，很难体会到水的重要性。这种时候，很多人会觉得使命愿景价值观都是一些正确的废话，离自己很远，不是很重要。部分人能做到承认其重要，但是还不能真正知道其为什么重要。

注意，我这里说的有，指的是真的有，而不是纸面上有。

当一个人从一个具有使命愿景价值观的组织，来到一个没有什么使命愿景价值观的组织，看到巨大的反差，才会看到和体会到使命愿景价值观的重要性。

但是，看到、体会到也不代表真正认识到。

如果这个人是身处基层和中层，目标和战略相对清晰，基层和中层的日常工作还是能够井井有条的，个人是很容易找到成就感的，在个人能力上也还有很多发展空间的。这种时候，即使基层、中层能看到、体会到使命愿景价值观的问题，一般也会觉得那是他们的问题，与当前的自己没多大关系。而且，关键是，没有真正的痛感。

一个人只有身处高层，而且组织的使命愿景价值观缺失的时候，才能真切感受到使命愿景价值观缺失给自己带来的痛苦。另外，因为身处高层，他们无法推卸一个事：这个组织的使命愿景价值观缺失，自己是有一定责任的。这种带有痛感和责任感的直接经验，才能使得他们真正认识到使命愿景价值观的重要性。

尤其是当一个人身处一个曾经有令人骄傲的使命愿景价值

观,但这些使命愿景价值观正在缓慢但不可阻挡地崩溃的时候,更能深刻地认识到使命愿景价值观不仅非常重要,而且非常紧迫。

想一想两千多年前孔夫子发出"礼崩乐坏"的感叹时,是何其痛苦,何其悲凉。没有这种切肤之痛,一个人怎样才能真正认识到使命愿景价值观的重要性?也难怪儒家那么推崇圣人和明君。

当然,如果组织已经崩溃,或者被竞争对手消灭,或者被外敌践踏时,组织中的基层、中层都会普遍认识到使命愿景价值观的重要性。不过,在这种时候,大势已去、大厦将倾,大部分人都在忙于自保、逃离。这个时候谈使命愿景价值观已经有点不合时宜了。

当一个人身处高层,感知到一个组织的使命愿景价值观缺乏或正在缓慢走向崩溃,但还没有到崩溃或者被践踏的时候,这个时候还是一个有救的时候。

在这种情况下,这些身处高层的人会有什么感受和表现呢?让我来揣度一下,读者可以自行对照。

- 万马齐喑;死气沉沉。
- 面对邪恶的那种无力感:当看到员工被邪恶伤害以及被谎言欺骗,但自己不得不装聋作哑的那种内疚感以及屈辱感。
- 没有正确和错误的标准;只有领导不可捉摸的喜好。
- 一次次欲言又止。
- 为了自身安全及利益,不得不忍气吞声。

- 在强作欢颜、觥筹交错背后,那些显而易见的貌合神离、同床异梦。
- 看到浑水摸鱼者、滥竽充数者、短期牟利者的狂欢。
- 看到玩弄权术者、投机钻营者、识时务者如鱼得水。
- 自己偶尔也能体会那种同流合污的快感和卑鄙感。
- 选择目标和战略时的不择手段、走捷径。
- 真切地感受到,那些表面上统一的目标和战略,没有使命愿景价值观作为基础,在实际执行中,会多么神散而形不散。
- 陷入连自己都厌恶的低级宫斗之中;不得不接招。
- 出工不出力;做假动作;认认真真走过场;双面人;撕裂感。
- 内心难以有喜悦;无意义感充斥。
- 自我欺骗;麻木;想着逃离。
- 无法逃离的人,在内心暗暗祈祷着暴风雨早点到来,摧毁这一切。

只有当一个人身处高层,有了以上这些感知及痛苦的时候,才是一个人能够真正认识到使命愿景价值观的重要性的时候。

有读者会问,你说的高层,包括一号位/一把手吗?

在使命愿景价值观这个事情上,一号位/一把手与高层的感受是非常不一样的。

使命愿景价值观是高层的刚需,但不是每个一号位/一把手的刚需。只要组织还有增长,或者还没有崩溃,一号位/一把手就可以有足够的理由论证自己统治的英明和理性。

使命愿景价值观，很重要的作用就是对于一号位/一把手的权力制衡。这个制衡，很大一部分又只能源于一号位/一把手的主动让渡（让渡给使命愿景价值观），主动限制自己玩弄权术的空间。

可以说，**使命愿景价值观，就是一号位/一把手要给高层提供的一个最重要的产品和服务。没有它，高层之间（包括高层与一号位/一把手之间）就没有了基本的规则。高层人员，是使命愿景价值观这个产品的关键用户。**

中层、基层当然也需要使命愿景价值观，但并不是刚需：一号位/一把手可以通过目标及奖励堵住他们的嘴，甚至用中层和基层的当期满意来对付高层。而且，中层、基层对于这个事情也没有什么影响力：即使用脚投票，也引不起什么涟漪。

揭示这个认识规律有什么目的和意义？

一是为了提醒一号位/一把手：高层人员的感受和表现，是衡量你在使命愿景价值观方面有没有提供令人满意的产品和服务的重要标准。目标和战略对一号位/一把手的短期衡量，使命愿景价值观是对一号位/一把手的中长期衡量。只谈目标和战略，不谈使命愿景价值观，就是走向崩溃的开始。

二是为了提醒高层人员在使命愿景价值观方面的责任感和角色感：如果你作为高层已经有了部分前述的那些感觉及表现，不要掉以轻心和顺其自然；你们是这个组织使命愿景价值观是否缺失的首要检验者，你们今天的感受就是组织明天的现实；你们对组织缺乏使命愿景价值观有重大责任；你不去影响这个事情，基层、中层只能望洋兴叹；你认为这就是一号位／一把手一个人的事情？一号位／一把手也需要很多帮助、影响和结构性压力。所以，你们可以做一点积极的努力。

当然，到了这一步，你只是解决了角色感、意愿和勇气的问题。你积极的努力，仅仅是新一轮认识升级的开始，如何在实践之中进一步提高认识是下一步的挑战。评价别人容易，自己做起来很难。在增长压力、竞争压力之下，在一号位／一把手并不完美的条件下，如何去改变及塑造组织的使命愿景价值观？

当你有了多轮次的努力实践，有的成功，有的不成功，有的惨败之后，你才能进一步认识到什么是使命愿景价值观。

最后，送给读者一句名言：惠我以安宁，忍所当忍；赐我以勇毅，为所当为；更赐我以智慧，将两者区分。塑造组织的使命愿景价值观是一个既需要平静，也需要勇气，更需要智慧的事情。这是真高管团队的一堂必修课。

共创使命愿景价值观的六个关键问题和两项重要提醒

作者：左谦

了解了使命愿景价值观的重要性之后，接下来我们谈谈如何塑造使命愿景价值观。

环境大变之时、危机平复之后、战略转型之时、第二曲线探寻、几名新高管加入……这些情景下，进行使命愿景价值观的迭代共创，有助于高管团队重新凝神聚力。

过去5年，我作为陪练顾问，参与了一些客户企业使命愿景价值观的共创。

过程中，我常常会通过六个关键问题和两项重要提醒，帮助高管团队提高共创质量。

当然，这六个关键问题和两项重要提醒也有我个人经验的局限性和个人偏好，仅供读者参考。

关键问题一：使命，是否有点非我莫属的感觉

使命，要回答"我们为什么存在"，说通俗点，即"我们怎么使用我们的命"。

不少使命描述，有抄作业之嫌，和同行其他公司高度雷同，让人都不想多看一眼。

就以地产企业为例，大多数的使命描述就是美好、幸福、创造、建筑等词变着花样组合造句：

- 让全球每个家庭生活更幸福
- 创造都市新生活
- 建筑城市美好生活
- 建设幸福城市
- 用心建筑精彩生活
- ……

正所谓，好看的皮囊千篇一律，有趣的灵魂万里挑一。

在共创使命的时候，我一般会"PK"客户企业高管团队：你们的使命描述，是否有点非我莫属的感觉？

如果没有这种感觉，无法打动自己，如何感召他人？

这种非我莫属的感觉，可以源于企业独特的选择和竞争优势，也可以源于企业在社会中的责任和角色感。

一家 SaaS 公司的使命是"用创新科技和行业智慧赋能企业增长"。很多 SaaS 公司都会谈创新科技，但谈行业智慧的少。通过行业智慧去赋能客户企业，是这家公司的非我莫属。

一家少儿街舞教育公司的使命是"用爱与科技推动艺术教育的进步，正向影响孩子一生"。他们希望用爱而不是用罚这种竞技体育的训练方式，去教孩子跳街舞。他们希望通过魔镜游戏化智能设备和在线云陪练等科技手段赋能行业。爱与科技就是他们的非我莫属。

关键问题二：业务愿景之外，有没有组织愿景

愿景，就是要回答"我们向往的未来什么样"。愿景是对美好未来的向往。

胆大而清晰的愿景，富有挑战性的目标，可以为企业定义成功和胜利。

在共创愿景的时候，高管团队首先想到的都是业务愿景：世界500强、行业领先、客户首选、市值千亿、规模第一、独角兽企业……

这些业务愿景的实质都是做大，确实能够给创始团队、投资人、部分高管带来高峰体验。但是与普通的中基层关系不大。尤其是新生代的中基层员工，不会从"我是大公司的一员"中找到太多的自豪感。（相关延伸内容可以扫描本章末的二维码，阅读文章《房晟陶：你的公司有没有打动心灵的组织愿景？》）

除了业务愿景之外，还可以有组织愿景。

阿里巴巴之前的愿景有三句话：分享数据的第一平台，幸福指数最高的企业，活102年。后两句就偏组织愿景。

少儿街舞教育公司的愿景：10年50城1000校，成为受人尊重的少儿教育机构，让有梦想的同路人一起精彩。最后一句就是组织愿景。

SaaS公司的愿景：成为最值得信赖的CRM云厂商，客户、伙伴、员工的同行者！后一句就偏组织愿景。

一家美业公司的愿景有四句话：为美业人注入信念和希望；

成为用户首选的美颜专家;打造美业精英终生事业平台;共创繁荣的千亿万店美业生态。第一句和第三句就是组织愿景。

关键问题三:有没有一条独特的价值观

价值观,要回答"最为相信和凭借什么"。真实而坚定的价值观,可以起到凝聚人心的作用。

就像列夫·托尔斯泰《安娜·卡列尼娜》中所写"幸福的家庭都是相似的,不幸的家庭各有各的不同",公司的组织文化也一样,优秀公司的文化都差不多:客户至上、追求卓越、实事求是、以人为本、信任、协作……这些都是很多公司价值观的高频词语。

即便如此,很多公司依然可以找到一条自己独特的价值观,从而和其他公司有所不同。

少儿街舞教育公司,有一条价值观是"唤醒、激发、鼓舞",这条价值观体现了他们的独特的教育理念,同时也体现了他们对待同事成长的态度。

虽然现在很多互联网企业都讲拥抱变化,但当年,阿里这条价值观还是很有独特性。拥抱变化是阿里独特的DNA,体现了阿里为适应环境和竞争变化,主动调适的态度和决心。

有时候,不一定能找到那条本质上很独特的价值观,也要致力于让文字表达有自己的特色。同样是表达客户导向之类的意思。少儿街舞教育公司相关价值观是"学员是我们的尊严",SaaS公司相关价值观是"用客户的成功定义我们的成功"。

关键问题四:有没有一条促进进化的价值观

在共创价值观的时候,我会PK高管团队:有没有一条促进进化的价值观，让公司不断自我挑战，勇于革自己的命，持续赢得一个个阶段性的胜利，不断迭代升级。

华为的"坚持自我批判"，让华为时刻保持自我对话，保持清醒，从而不迷失，躲过一个个暗礁险滩，持续向前。

阿里的"拥抱变化"，让阿里时刻应对外部环境的变化，心怀敬畏和谦卑，保持调适，不因循守旧，改变自己，创造变化，从而不断在新的竞争环境中取得胜利。

龙湖的"追求卓越"，让龙湖对现状永怀积极健康的不满，被事业心和使命感召唤，保持追求长期可持续成功的精神状态，依靠人也依靠制度来接近卓越。

关键问题五：有多少条是真实的价值观

共创价值观时，稍不注意，就容易基于远大的理想抱负，创出了不少想要拥有，但实际还没有普遍认同／践行的价值观，我们称之为理想价值观。

我们不是反对理想价值观，追求总是要鼓励的，理想总是要有的。但是，我们反对理想价值观占比太高。

一般而言，我会建议企业的价值观中，有七成左右是已经做到的价值观，有三成左右可以是还没做到的，但是想拥有的理想价值观。否则，理想价值观比重过高，就会让价值观失去真实性，沦为文字游戏，容易变成高层的一厢情愿，其他人的逢场作戏。

如果想要一个理想价值观，核心领导者最好先身体力行实践一段。一方面，自己可以实际体会价值观的利弊以及所要带来的调整、所要面临的阻力。另一方面，让公司里的人员看到，你是认真的。

实践了一段时间之后,如果确信这就是公司所需要的,再把它作为理想价值观写进去。之后动作还不能停,还需要持续地努力把这个理想价值观夯实成为真实价值观。

当然,绝对不要有那种说谎式价值观:墙上嘴上是那么说,但实际行为上反着做。这种说谎式价值观比理想价值观更危险。

关键问题六:这些价值观能否帮我们赢

不少企业价值观的出发点只是为了内部和谐,是为了让组织成员更好地气味相投、很好地相处,正所谓"物以类聚,人以群分"。

还有一些人把价值观理解为道德要求、红线、高压线。

这些理解都不能说是错,但是非常不全面。

这么做,就很容易把价值观变成了道德审美、人才审美。

价值观不仅仅是创始人/核心领导人/高管团队成员个人价值观的外化,还应该是外部关键相关方(比如客户)的价值需求的内化。

一套价值观的组合,必须回答一个问题:这些价值观是否能帮助、指导我们长期地赢?

没有对所从事的事业、竞争形势的深刻理解,一个高管团队是不可能共创出有竞争力的价值观的。比如,有个SaaS企业的一条价值观是"速度或精确"(Speed or Precision),这里面的or(或),真正反映了高管团队对于行业、竞争的理解。

再比如,客户成功是绝大多数To B型公司的必备价值观。

但是，这个价值观对于 To C 型企业来说，就是不合适的。

除了上述六个关键问题之外，为了更好地共创，我们一般还会给客户企业高管团队两项重要的提醒。

重要提醒一：使命愿景价值观不是文化的全部

不少人对企业文化的理解就是使命愿景价值观。塑造文化的方式，就是不断地宣导使命愿景价值观，再加上仪式、符号、英雄故事。或者再高级点，来个价值观考核。

实际上，塑造文化的方式不只是这些，还可以通过经营管理原则、关键流程/机制/系统、人员能力标准等进行塑造（如图 6-1 所示）。

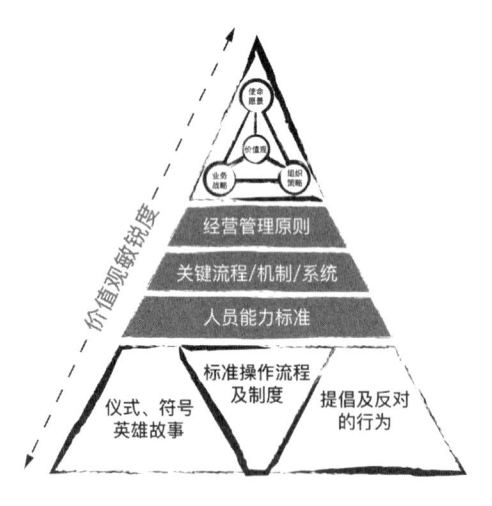

图 6-1 塑造文化容易被忽视的中三路

这样就可以通过结构的丰富性，帮助企业结合阶段性痛点问题，形成理念共识。

比如，有些企业在建立总部/中台时，总部/中台不断地推出制度/政策/指引，让一线苦不堪言。然而，建立流程/机制/系统是企业规模化发展的必经之路，流程/机制/系统建设一定会涉及制度/政策/指引的推行。对于这个阶段性的矛盾，高管团队可以共识一些经营管理原则：

- 组织的活力强弱是流程、系统、机制好坏与否的重要衡量标准。
- 流程、系统、机制目的是激发员工，而不是控制员工。
- 让听见炮火的人参与制定，基于一线频繁发生的工作场景提炼的流程、系统、机制才最有生命力。
- 每个流程、系统、机制发布后，都要做必要的沟通、宣讲和答疑。
- 反对不考虑执行难度和落地成本的流程、系统、机制。
- 当其不能落地时，首先反思体系设计问题，再反思执行问题。
- ……

再如，处于战略转型关键阶段的企业，创始人一般都很焦虑，在外面不断学习，回去就调整组织。而公司内的职能高管往往对这种折腾颇为抗拒。对于这个张力，高管团队可以共识与创始人同频这项高层人员能力标准/领导力原则：

- 情怀同频——理解创始人的事业情怀、追求、焦虑和孤独。
- 思维同频——理解创始人的视野、格局和胸怀。
- 创新同频——把握创始人的变与不变。
- 战略同频——帮助创始人创造性地快速落地执行。
- 管理同频——不做创始人和中层之间的夹心层。

重要提醒二：理性目标之外，不要忽略感性目的

高管团队共创使命愿景价值观时，我偶尔会邂逅理工科直男型的解题思路：

- 能否提前布置作业，让高管各自写好一版使命愿景价值观；
- 能否现场直接投票，以票数决定新版的使命愿景价值观；
- 可否由人力资源部出一版方案，现场由高管投票表决；
- 不需要这么长的共创时间，两小时就能搞定；
- ……

这种理工科直男型解题思路过于强调理性，片面追求效率，最终无法保证共创共识效果。

产生使命愿景价值观描述文字这件事，还必须有感性目的。比如：

- 提升高管的文化敏锐度和领导力；
- 帮助高管团队新成员（外招或内部晋升）融入；
- 促进高管团队成员之间的深度连接；
- 共享基本假设，统一方向和思想；
- ……

兼顾理性目标和感性目的，才是一场完整的使命愿景价值观共创。

总结，高管团队共创使命愿景价值观，六大关键问题和两项重要提醒：

问题一：使命，是否有点非我莫属的感觉？

问题二：业务愿景之外，有没有组织愿景？

问题三：有没有一条独特的价值观？

问题四：有没有一条促进进化的价值观？

问题五：有多少条是真实的价值观？

问题六：这些价值观能否帮我们赢？

提醒一：使命愿景价值观不是文化的全部。

提醒二：理性目标之外，不要忽略感性目的。

21

没有使命愿景价值观，
高管们可能越学习越焦虑

作者：房晟陶

了解了使命愿景价值观对于真高管团队的重要性以及团队如何塑造使命愿景价值观之后，我们继续谈一谈使命愿景价值观对高管个体的重要性。

对处于基层、中层的个人来说，责任心、上进心、目标/战略、生存压力都可以有效指导个人的学习方向和学习动作。

但到了高层，生存压力大大降低了，责任心、上进心虽然还在起作用，目标/战略也仍能提供阶段性的学习方向，但这些东西经常只能说服头脑和手脚，难以激发由内而外的学习热情，总觉得要学习的那些东西与自己想成为的样子不太匹配，甚至渐行渐远。

更令人沮丧的是，即使个人在努力学习，但整个高管团队的学习经常是相互抵消、没有业务成果的。

在双重的作用下，很多高管就会发现，学习越努力，反而越焦虑。有些高管甚至会因此逃离这个团队。

高管个人以及高管团队的学习，非常需要使命愿景的引领，而不仅仅是目标和战略。有了使命愿景的加持，高管个人以及高管团队才会有一个长期持续的学习焦点和有营养的学习环境。换个说法，使命愿景会让学习目的更明确、学习态度更端正。不然的话，学习很容易是东一榔头西一棒槌、黑瞎子掰棒子、相互抵消而不是相互滋养。

使命，简单地说，就是你在这个世界上要解决什么问题。这世界有无数的问题要解决，你不可能什么问题都解决。而且，任何还留下要解决的问题，没有一个是容易的。容易的问题都被前人解决了。那么，属于你的问题是什么？弱水三千，你的一瓢是什么？你的天分和命中注定要去解决什么问题？

在回答了这个问题的同时，实际上也回答了不去解决什么问题。不去解决什么问题不意味着对问题视而不见，而是希望能有其他人像自己一样用长期的专注去解决他们认为非常重要的问题。

当明确了使命（要解决的问题）之后，高管们学习的动作和方式虽然并无太大变化（比如，还是参加各种课程、私董会、去游历、去脱产学习、去闭关、去请教高人，等等），但是在每次的具体学习动作中，都会有个声音在提醒自己：我学习这个与我致力于解决的问题之间有什么关系？这个提醒会改变个人对于所学内容的消化方式，产生更多与使命匹配的营养元素。于是，摄取、消化、吸收、排废的效率都大大提高了。

有了使命（要解决的问题），为什么还需要愿景呢？简单来说，**使命能让人产生宁静、长期聚焦，但愿景可以增加兴奋感，**

使得学习更有乐趣、更丰富、更有宽度。

有些人是先有愿景再有使命,这也没关系。使命和愿景也是相互作用的,很多人也不会把使命愿景清晰地区分。区分也好,不区分也好,使命在先也好,愿景在先也好,只要能够提供长期持续的方向感、意义感和兴奋感就行。

很多人诟病的碎片化学习,如果能有使命愿景的引领,碎片之间也会逐渐产生一些化学反应,抵消很多因缺乏深度思考所带来的学习损失。当然,如果既有使命愿景的引领,又有深度思考的集成,那学习效率就更高了。

使命愿景对于个人学习的长期引领作用,很多人都会有切身的感受。但对于高管团队的学习来说,使命愿景还有什么额外的作用呢?可以说,使命愿景对于高管团队的学习更加重要。

这是因为,高管团队的很多职责必须通过集体学习/团队学习来实现,而不能仅靠个人学习。比如,对于战略、组织、转型升级、突破创新这类的场景,仅仅靠个人学习不仅是不够的,而且是不适合的。这类职责的学习,更需要使命愿景的引领。

一个高管团队要想获得共同的使命愿景,其难度要高于单个人找到使命愿景。

高管团队要想找到共同使命愿景,一定会要求团队的一号位领导人对使命愿景有深刻的感觉。这本身就不是件容易的事情。比如,有些一号位领导人做这个事业并不是为了什么使命愿景,而是更多来自机会和压力,甚至有些领导人内在动机更多是补偿性的,而不是超越性的。在这种状态下找到具有一定超越性的使命愿景还是很有挑战性的。

即使一号位对使命愿景有感觉，一号位的使命愿景也不等同于整个高管团队的使命愿景。这是另外一重挑战。如果高管团队成员都是跟随型的，都能够以一号位的使命愿景为个人的使命愿景，这个问题看似可以解决，但是，这种方式肯定已经扼杀了一部分真正的使命愿景以及其背后所代表的生命力、创造力；没有任何高管个人完全是跟随型的；你可以短期压制自己的内心渴望，但无法消灭它。

更好的方式是整个高管团队找到共同的使命愿景。这就意味着高管团队的每个成员，都需要对个人的使命愿景有所调整。 这个过程，做得不好的话，部分成员会觉得自己做了妥协和牺牲，甚至造成冲突。如果做得好的话，应该是共赢、升华和超越。这当然是件非常有挑战性的事，如图 6-2。

图 6-2 共同的使命愿景

高管团队找到共同使命愿景的过程，也会帮助高管个人

（包括一号位领导人）更加明确自己的使命愿景。个人的使命愿景与团队的使命愿景有个相互借力的作用。当个人在寻找自己的使命愿景的过程中受阻的时候，通过团队的作用经常会有柳暗花明的神奇作用。实际上，这个追寻共同使命愿景的过程，就是高管团队的重要的团队学习实践。

当高管团队有了共同使命愿景之后，只要是围绕着这个使命愿景（以及目标及战略），高管团队及高管个人所有的探索和试错就都是有价值的。于是，个人和团队就会越学习越有信心，越有成果，而不是越学习越焦虑。学习的成果会体现在公司阶段性的业务成功之中。这些阶段性的业务成功反过来又会进一步滋养使命愿景。于是，团队学习、使命愿景、业务成功这三者之间的一个良性的循环就逐渐形成了，如图 6-3 所示。这个高管团队也就逐渐进化为真高管团队：不仅能带领公司取得一个个阶段性的业务成功，还能引领组织的不断迭代更新和蜕变。

图 6-3 团队学习、使命愿景、业务成功的良性循环

当然，使命愿景的作用绝对不仅仅是提供一个长期持续的学习焦点和有营养的学习环境，它还是战略选择的原点或修正器、解决价值观分歧的超越性力量，等等。

同时，我们也不能贬低目标和战略的作用。使命和愿景也是个发现之旅。在它们被发现之前，尤其是当公司规模还比较小的时候，公司所从事的业务对使命愿景的依赖度不那么高的时候，目标和战略也是可以有效地引领高管个人及高管团队的学习成长的。

另外，一个高管团队实现高效学习，仅有共同使命愿景也肯定是不够的。彼得·圣吉（《第五项修炼》的作者）有一个关于团队学习的框架：激发热望（自我超越及共同愿景）、开展反思性交流（心智模式及深度汇谈）、理解复杂事物（系统思考能力）。这个框架还是非常全面和深刻的。本文只是强调了使命愿景对于高管个人及高管团队学习的重要作用，从学习的角度来理解使命愿景的实际作用。

如果没有使命愿景的引领，高管们逐渐会发现，努力学习本身并不能有效缓解焦虑。

一方面，学得越多，反而发现自己不懂的越多（没有使命，没有明确想要解决的问题，很容易就想什么都要学），所以更焦虑。

另一方面，学习者很快会发现，纸上得来终觉浅，知识性的学习根本不会增加实际能力。瓶颈不在于知识性的学习，而在于找到学以致用的场景。不然，学习知识只是增加了聊天能力而已。可是，自己整天忙于手头的重复性工作，学以致用很难做到。于是，在焦虑之外还平添了一丝恐惧。

还有一个副作用，知道得越多，越会发现世界很大很精彩，有无数的机会，反而越不知道自己要干什么，心灵越来越不宁静。这样一来，学习不仅没有减缓焦虑感，还增加了迷失感。

综合起来，高管学习越努力反而越焦虑的现象就很容易出现了。

延伸阅读

7.【文章】《房晟陶：你的公司有没有打动心灵的组织愿景？》

7

共同语言：
话不投机半句多

真才实学的"真"
真情真我的"真"
追求真理的"真"

前面我们谈了真高管团队模型七要素里的一号位、外部适应性、真高管、使命愿景价值观，从这章开始，我们来谈谈七要素里其他的三个和环境相关的要素。

我们先从真高管团队的共同语言开始。

在第 2 章，我们初步解释了什么是真高管团队的共同语言，列举了共同语言包含的子要素，包括共同的词汇／定义／标准、共同的思维框架／方法论、共同的基本假设／心智模式。

这一章，我们和大家进一步探讨：对于高管团队而言，共同语言为什么重要？又该如何建立共同语言？

首先，开会是最能体现高管团队有没有共同语言的一个工作场景。我们从六个方面，给大家解释如何打造有共同语言的会议，包括大家容易想到的三个方面和容易忽略的三个方面。

其次，我们以解决组织问题为例来剖析，高管团队如果没有共同语言，就会出现鸡同鸭讲的局面。

最后，我们仍以解决组织问题为例，来讨论高管团队如何建立关于组织问题的共同语言：引入一个关于组织的共同思维框架／方法论，并不断刻意练习。

共同语言

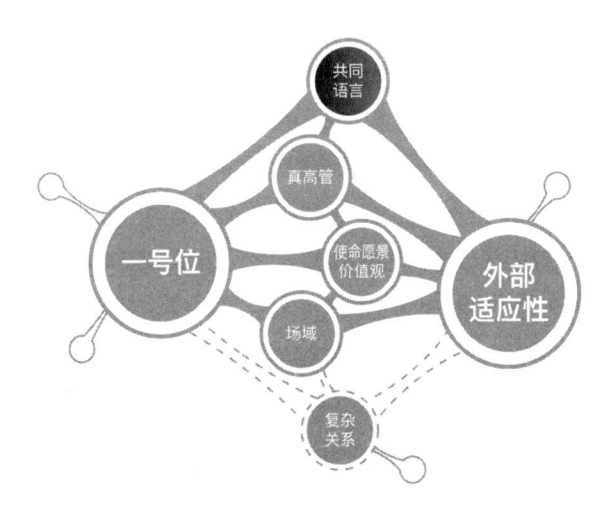

真高管

一号位　使命愿景价值观　外部适应性

场域

复杂关系

22

想要高效愉快地开会，
得先有点儿共同语言

作者：左谦

最能体现高管团队有无共同语言的场景就是会议。

我们先来看看没有共同语言时，会议会变成什么样。

是否有这种感受，这些该死的会议，让人无处可躲，无路可退：

- 有的会，说好1小时结束，但直到第59分钟，似乎才拉开序幕；
- 有的会，发言人明明那么普通，但却那么自信，自信自己的表达能够激起他人的兴趣；
- 有的会，马屁精、杠精和戏精三精聚会，一群人的狂欢，一号位的孤单；
- 有的会，临时召集，临时抓壮丁，参会者不知相关背景，一脸茫然；
- 有的会，说好的讨论A议题，大家却不知不觉扯到了B

议题；

- 有的会，陷入无意义的争吵，议而不决，或决议没有落实跟进；
- 有的会，一号位总是急于表态，不经讨论就做决定，其他人只需洗耳恭听；
- 有的会，提案人不事前准备，把提案变成了聊天，让其他人气不打一处来；
- ……

但会议又是高层、中层管理团队进行协同的重要方式，会议占据了中高层 50% 甚至 90% 以上的工作时间，甚至大量挤压生活时间。

毫不夸张地说，能否高效愉快地开好会，不仅严重影响公司的决策效率和任务协同，也严重影响中高层人员的工作效能和生活质量。

如何拯救这些该死的会议？

先来说说容易想到的三个方面：会议流程、沟通能力和议事机制。

首先，可以在会议流程管理方面下功夫。

通用的会议流程（如图 7-1 所示）一般包括：

- 会前：明确需求 & 会议目标；明确参会人员 & 角色；议程拟定 & 提前发布；时间 / 地点 / 设备准备；等等。
- 会中：开场介绍、澄清角色；陈述目标、重申议程；遵循议程、开展会议；结论共识、行动共识；等等。
- 会后：分发会议纪要；后续行动跟进；等等。

```
会前                    会中                  会后
明确需求&会议目标        开场介绍、澄清角色      分发会议纪要
明确参会人员&角色        陈述目标、重申议程      后续行动跟进
议程拟定&提前发布        遵循议程、开展会议
时间/地点/设备准备       结论共识、行动共识
```

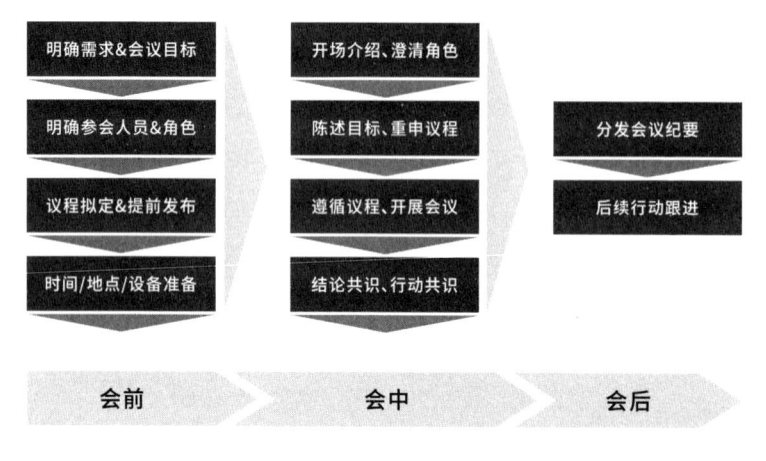

图 7-1　通用的会议流程

会议管理流程看似简单，但在落实的时候容易打折扣。有了在线会议管理系统的保驾护航，就可以在会议流程管理方面玩真的。比如：

- 会议邀约在线发起，并和线下关键资源绑定（例如：会议室借用）；
- 关键环节模板统一且可在线调用（例如：会议通知模板；会议纪要模板）；
- 被邀约的参会者在线确认（可以拒绝与自己无关的会议），

在线会议签到；
- 会议纪要在线生成、在线会签、抄送；等等。

其次，可以在参会人员沟通讨论能力方面下功夫。

参会人员的沟通能力被普遍高估，会聊天不等于擅长开会沟通讨论。

同样是开会发言，不同人体现出不同的水平。有的人发言，只是在提供原始数据和信息；有的人能基于数据和信息的分类汇总发言；有的人能够找到数据和信息之间的联系，发言条分缕析；也有人还能在千丝万缕中找到关键点，重点说明；更高水平者在讲述复杂事件和关键要点的时候，能够深入浅出，让听者一听就懂且印象深刻。

再说说相互讨论。会议不是公众演讲，参会人员不能只顾宣扬自己的观点，还要探寻其他参会人员的观点，如图7-2。以下简单的对话模式可作为借鉴：

- 我的观点是……
- 我观察到的事实或数据是……
- 我是这样得出我的观点的……
- 你有相反的事实或数据或者不同的结论吗？
- 让我们一起来看看我们的结论为什么不同。

图 7-2　高效对话：宣扬 + 探寻

最后，可以在会议议事及决策机制上下功夫。

无规矩不成方圆，共同遵循一些议事及决策机制，有助于会议的高效愉快进行。

在《罗伯特议事规则》一书中，提供了一些开会的基本法则，体现了现代文明的议事精神，可以选取其中的一些内容借鉴。比如：

- 机会均等原则：任何人发言前须示意主持人，得到其允许后方可发言。先举手者优先，但尚未对当前动议发过言者，应优先于已发过言者。同时，主持人应尽量让意见相反的双方轮流得到发言机会，以保持平衡。
- 发言完整原则：不能打断别人的发言。
- 限时限次原则：每人每次发言的时间有限制（比如约定不得超过 2 分钟）；每人对同一动议的发言次数也有限制

（比如约定不得超过2次）。
- 一时一件原则：发言不得偏离当前待决的问题。只有在一个动议处理完毕后，才能引入或讨论另外一个动议。

除了上面这些讨论原则，还有一条对中国民营企业的中高层会议尤其重要的原则——一号位最后总结性发言原则。

再来说说不太容易想到的三个方面：会议分类、会议角色和共同语言。

第一，根据功能和主题对会议分类管理（如图7-3所示），是会议高效愉快的重要起点。

战略组织协同类	战略务虚会	战略生成会	战略沟通共识会
	战略复盘调整会	战略组织协同专题会	
公司治理类	公司办公周例会	跨部门专题研讨会	
财务经营类	半/年度预算会	季度经营分析会	月度经营分析会
项目运营类	项目启动会	项目运营周例会	公司PMO周例会
	项目运营专题会	项目后评估会	
人才文化类	员工恳谈会	半/年度人力资源规划会	半/年度总结表彰会

图 7-3　会议的分类管理

公司规模小的时候，事情不多，开会的管理人员就那么几个，大家一招呼，凑在一起，把各类议题放在一起简单议一议即可，对会议进行分类管理实在没有必要。

公司发展到一定规模之后，参与会议的人数可能会增加，单个议题可能持续的时间变长，这时候对会议进行分类管理很有必要。

不同主题、功能和目的会议：

- 召开的频度不同：周例会、月例会、季度会、（半）年会、临时紧急会议……
- 涉及的人员不同：经营分析类的可能会需要财务中层人员，组织及人才类的会议可能需要 HR 中层列席……
- 会议的形式不同：信息同步型、讨论决策型、务虚团建型……
- 甚至连会议需要的精神情绪状态都不同：战略规划会需要豪情满志，经营及财务会可能是如坐针毡，人才盘点会也许是纠结不已……

第二，需要明确一些会议关键角色。

为了让会议高效、愉快地进行，需要明确一些关键角色。典型角色包括：

- 召集人：会议的发起者和组织者；
- 主持人：现场主持和串联议题的人；
- 提案人：对相关议题进行方案准备的人；

- 记录人：会议现场记录和纪要整理的人。

除此之外，还有一个更重要但容易被忽视的角色——护场，必要的时候化解矛盾冲突，调节会议现场氛围。

在很多的时候，会议往往只是简单延续或关注了工作职位角色，比如 CEO/一号位、人力资源负责人、业务负责人等，而不知不觉中忽略了上述"功能性"角色。如果只考虑工作职位角色，这个团队也许能开好向上级/一号位汇报工作进展的会议，但是其他类型的会未必能开好。

第三，共同语言是高效、愉快会议的基础。

要想作为一个群体起作用，聚集在一起的个体就必须建立一套语言体系，以便于设定共同的目标，解释和管理共同面对的事情。如果你和一些有共同语言的人在一起，彼此就会感觉到非常舒适。但是如果和持有不同语言的人在一起，彼此就会感觉到非常不自在，甚至感觉到威胁和攻击。因为彼此无法理解对方在干什么，彼此甚至会看错或曲解对方的行动。

以经营和财务类的会议为例，这类会一般的召集人是 COO 或 CFO，他们有责任去统一会议中常用的词汇/定义/标准。再以战略复盘会议为例，这类会议一般的召集人是 CSO 或 CEO，事先设定好讨论的框架（目标澄清、差距分析、原因延续、计划共识）更能确保会议的产出，而不是信马由缰。

共同语言是会议有效性的基础，会议也是形成共同语言的修炼场。能否使用共同的词汇/定义/标准、共同的思维框架进行讨论，体现了中高层团队的思想纪律性。（相关延伸内容可以

扫描本章末的二维码，观看视频《为什么一群智商 130 的高管，一开会就集体智商降为 90？》）

说完上述六个方面，最后我们来说一说最容易被忽略但事实上最最至关重要的方面——谁在关心公司会议体系的有效性，谁能真正地促进组织在会议管理方面采取的有效性行动。

高效愉快开好会是系统工程（如图 7-4 所示）。参会人员一般都会关心自己参加的单个会议的有效性，但是还需要有人关心公司整体会议体系的功能。会议体系是一个公司的公共服务系统。这种公共服务系统容易出现集体无责任、集体无力感。

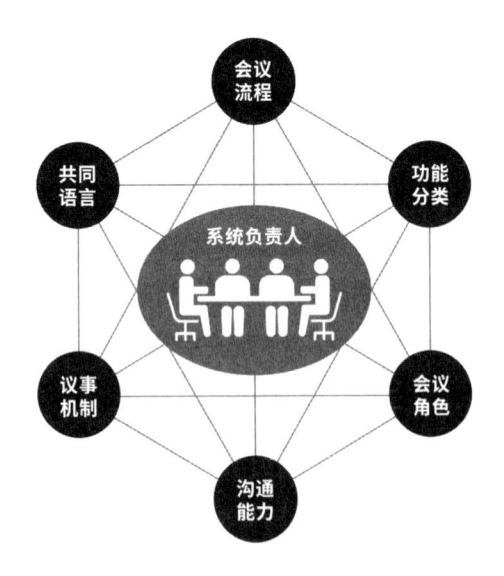

图 7-4 开会是个系统工程

在公司发展过程中，核心领导人和领导团队对整个公司的会议管理体系的有效运行责无旁贷。一方面，只有他们有威信和权力去调配一些资源；另一方面，他们的以身作则信守公约也是关键。

以上七个方面就是拯救该死的会议的一些发力点。在任何一点上取得进步，都可能有助于中高层会议的高效愉快。如果能够整合几个方面一起发力，当然效果更佳。

当然，以上探讨的都还是偏流程、规则、原则、角色方面的一些发力点。

有另外一个关键问题不能回避：如果参会者对所讨论的议题缺乏真正的专业了解，那么，不管流程、规则、原则、角色设置和执行得多好，会议也不可能高效。

换句话说，参会者中没有人真正懂得所讨论的事情，没有做出决策所需要的硬能力，即使能高效地达成结论，也无法真正地解决问题。在这种情况下，一个中高层团队会用大量的时间分享信息、感受、观点以期共同拼图。但是，如果没有有质量的外部输入，则再怎么谈也无法拼出来。这种时候，更有效的做法是要去找到高质量的外部输入，然后再辅以那些流程、规则、原则、角色方面的技巧，达成决策的目的。

最后，我要强调一点，会议的效率是一种感受，但决策的正确性更重要，尤其是对于承担战略探索责任、应对不断变化的外部环境的高层团队来说。对于重大事项的决策，效果要重于效率。

23

没有共同语言，高管们对组织问题的诊断就如鸡同鸭讲

作者：房晟陶

共同语言不仅可以帮助组织提升会议效率，更可以帮助组织对组织问题进行有效诊断。

都说要把问题消灭在萌芽状态。

可是，对组织这个事情来说，难点往往在于：究竟先消灭哪个芽？哪个芽是最邪恶的芽？怎么消灭？用火烧？还是不给它浇水旱死它？

争论不休、没有共识，或者是这个季度听 X 高管的，下个季度听 Y 高管的。

结果是不痛不痒，很多芽在不知不觉中就茁壮成长变成大树了。

后来你会进一步发现，表面上这些芽是独立的，实际上这些芽的根都是相互连着的。它们不是多个独立的怪物，而是连在一起的一个"怪物"。

到了那个时候再想去打怪，已经晚了。或者，解决问题的

成本非常高昂。

难道是大家都不懂上医治未病、未雨绸缪这些道理吗？

这些大道理谁不懂？

出现这种情况的一个普遍原因是：Y 高管很难认同 X 高管对组织问题的诊断，更无法执行其治疗方案。

用医生来做个比喻。

X 是个中医，Y 是个西医。两个医生的底层理论体系完全都不一样，分析问题解决问题的方式不一样。

X 中医说的诊断是阴虚火旺，五心烦热。Y 西医的诊断是心脏病。

X 中医的治疗方法是滋阴潜阳的食疗。Y 的治疗方法是心脏支架。

无论是诊断还是治疗，两个医生不仅说不到一起去，还会发自内心地鄙视对方。

对组织问题的诊断和治疗，就跟这个 X 中医、Y 西医的例子是非常相似的。每个高管（甚至中层、基层），都是组织问题的医生。

高管 X、Y、Z、L、M、N 对组织问题的分析方式、诊断、重要性排序、治疗方案都是不一样的。

如果你想让我按照你的诊断去制订治疗方案，或者你都把治疗方案想好了让我去操作，我真的做不到啊！我是一个中医，不会心脏搭桥手术啊！

我不是你。你诊断的时候，已经知道你自己有什么治疗方案了（什么药可以用，什么手术可以做）。所以你才敢做出那样的诊断。

比如，X高管特别擅长做绩效管理，于是X对组织问题的诊断和治疗都会围绕着绩效管理。而Y高管更擅长文化，极其厌恶绩效管理，所以Y难以认同X的诊断，更无法操作X的治疗方案。Y高管的诊断和治疗方案会都会围绕着文化及价值观。

有些人会问，总应该有一个"正确答案"吧？找个专家来，不就可以帮助我们找到那个正确答案吗？

组织工作的神秘之处就在这儿。

组织是个**动态复杂的社会系统**。这样一个动态复杂的社会系统，与一个机械系统、生理系统是非常不一样的。

对任何一个组织问题来说，都没有绝对正确、唯一正确的答案。

你从绩效管理出发去解决问题，问题有可能得以解决。你从文化出发，问题也有可能得以解决。

同时，你从绩效管理出发去解决问题，你也会涉及文化，比如你在绩效考核的时候，要不要给价值观考核一定的权重？你从文化出发去解决问题，也会涉及绩效管理。比如，如何处理那些业绩很好但价值观一般的人？

就像那些"芽"背后的根系都是连在一起一样，组织问题的不同治疗方案，也是可以互相连在一起的。

那么，应该怎么对待组织问题呢？

一个最常见的方式是：一号位本身就是首席医生，一锤定音。在公司小的时候，天然就是这样：一号位既做诊断，又做治疗方案，并亲自操作治疗方案。

这样，即使诊断或治疗方案错了，责任比较明确（也没有政治风险），错了也可以迅速调整。调整了几次，总是能更接近正确方向。

公司大一些之后，一号位也许不能亲自操盘去解决所有治疗方案，但至少还可以监督治疗方案的操作。所以，组织还是可以跌跌撞撞向好的方向进化。

公司大到一定程度后，问题就产生了。一号位还能做出诊断（正确率不错），但是已经没法做出治疗方案（因为专业能力不够了），更无法操作了。

怎么办？

有些一号位和公司选择了把中高层管理者教育成有高度组织纪律性的执行者，完全相信一号位的判断，同时辅以拥抱变化的价值观。这样，即使方案不对，也可以根据反馈迅速地转向，直至找到相对正确有效的方法。

有些一号位逐渐只做诊断，放手让其他高管去做治疗方案、操作执行。高管们自己要去找门路做治疗方案并操作执行。

这两个方法都可以奏效一段时间。但这两种方式的风险和成本都明显太高了。公司逐渐会走到集体无责任、集体无力感的状态。

怎么办？

顺其自然，任由问题积累，直到积重难返，不改革是等死，改革是找死？

显然，这不是最好的选择。

必须寻找新的思路。

方案一：找到一个外部专家，辅助提高一号位的诊断水平及治疗方案的水平，并协助一号位监督治疗方案的操作和执行。这个方案的前提是一号位能找到适合的专业资源，善于与外部专家合作，舍得花钱。在这个方案中，一个容易出现的陷阱是：让外部专家去做诊断及治疗方案，让内部人去操作治疗方案。

方案二：找到一个得力的CHO（内部或外部），与一号位一起共同做出诊断，由CHO主导操作方案并亲自操盘治疗方案。这个方案的前提是一号位能找到这样既有诊断能力，又有操作治疗方案能力的合作者。还有，这样的CHO必须善于在专业上得到其他高管的信任，不能什么事情都要用一号位的政治权力来推进。绝大部分情况下，找到这样的CHO是可遇不可求的事情。

这两个方案都得要求一号位在相当长的时间内亲自参与诊断、制订治疗方案、操作治疗方案。参与的量可以逐渐减少，但绝对不能当甩手掌柜。

即使是在这种情况下，前面说的那个挑战仍然会频繁出现：Y高管很难认同X高管对组织问题的诊断，更无法执行其治疗方案。这仍然是组织工作的巨大挑战。

如何解决或者缓解？

第一，引入一个在组织方面的共同的思维框架/方法论，不断地赋能和培训，建立共同语言体系。这样Y高管至少和X高管可以进行更有效的对话，而不是鸡同鸭讲、对牛弹琴。

第二，建立一个组织策略研讨、达成共识的机制。要让高管们认识到，组织策略的共识性比某个诊断、治疗方案的精确性更加重要。建设性地妥协，信任同伴，并且要有耐心。

第三，治疗方案制订者必须是参与并认同了诊断方案。同时，治疗方案制订者、治疗方案操盘者不能分开。

第四，要从机制上要求每个高管都做组织工作，而不是把组织工作的负担集中到少数几个人身上。这样，大家更可能相互理解和支持，而不是做得多的人反而受到负激励。当然，一号位要奖励组织方面的贡献。有些一号位和公司甚至把在组织方面做出贡献作为升职为高管的必要条件。

第五，从变革的角度去看组织问题的解决，而不是组织工作变成项目工作。大量的沟通、培训是必须的，因为变革最难的点在于理念和技能的变化，而不是政策、流程、机制的变化。

做了这些之后，Y 高管和 X 高管就可以更建设性地对话了，组织问题也会更快更好地解决了。同时，在此过程中，Y 高管和 X 高管还会成为有组织及变革领导力的真高管。

24

共同语言＋刻意练习，高管们才能克服对组织问题的片面认知

作者：蔡地　左谦　房晟陶

共同语言可以帮助组织有效解决组织问题，那么组织如何建立共同语言并有效运用共同语言呢？接下来，我们会以克服组织片面认知为例来解答这一问题。

最近几年，与组织相关的词（组织能力、敏捷组织、自组织……）越来越火，"方向可以大体正确，组织必须充满活力"等类似的论断也被越来越多的一号位和高管奉为圭臬。究其原因，大概有三：

- 一是随着外部环境的不确定性日益增加，战略管理的难度越来越高，很多红极一时的商业模式创新更是一地鸡毛，于是连方向大体正确有时候都成了奢望，既然如此，那就在组织充满活力上多发发力吧；
- 二是由于增速下降、红利减少等，原本被忽视或掩盖的组织管理问题开始集中暴露，不少公司以前靠运气挣的钱现

在开始因能力不足无法延续,存在严重组织管理问题的公司更是一批批爆雷,而反观那些舍得在组织方面提前投资和前瞻布局的公司已开始收获组织红利;
- 三是年轻人对粗糙的组织管理的容忍度越来越低,美好组织成为很多人的向往,"躺平"某种程度上就是年轻人对不良组织发动的一场没有硝烟的战争。

越来越多的企业开始重视组织建设而不再一窝蜂地追求当"风口的猪",无疑是件利国利民的大好事。毕竟,我们每个人都是组织这个产品的消费者和使用者(就连组织的设计者自身也不例外)。组织这个产品好,就更有可能实现"上下同欲、左右同行、前后同心"的大好局面,每个人的工作和生活满意度也可以跟着提高一截。

不得不说,理想丰满,现实骨感。尽管讨论得热闹非凡,有时候也干得热火朝天,但根据我们的观察,有一些做法东施效颦,有一些做法舍本逐末,非常值得警惕。

这背后的很重要的原因是创始人/一号位、高管团队对组织这个事情的底层认知有一些误区。基于我们最近的观察和思考,有三种认知尤其值得警惕。

认知一:组织就是一群有共同目标的人

这是关于组织最常见、最根深蒂固的一种认知。不得不说,这个认知很符合直觉,通俗易懂,也很有画面感,"人味儿"十足。这个认知的好处也显而易见,它为解决组织问题指出了明确的思路——组织出了问题，首先是人的问题；解决组织问题，自然也首先是解决人的问题。

对于处于初创期或快速成长期的企业而言，这个认知及其相应的解题思路非常合理。在人数不多的情况下，人就是组织问题的杠杆解。这个阶段，公司战略就是某个或某几个人的目标和打法，组织能力就是某个或某几个人的单兵作战能力，组织文化就是某个或某几个人的人品和风格。组织管理模式基本上就是人盯人，组织策略基本就是换人加/减人。我们也同意，这个阶段，组织即人，人即组织！

当企业进入扩张期之后，这个认知的局限性就会暴露。随着人员/业务的规模、范围和复杂度大大提升，人盯人开始行不通了，换人加/减人也不是很好使了。但如果高管们继续秉持组织就是一群有共同目标的人这个认知，就仍然会继续把人作为解决组织问题的杠杆解。于是，很多岗位一年两换就成了常态，但效果越来越差，甚至毒副作用明显。几经折腾，高管们就会迷惑不解：为什么人家公司良将如潮，我们公司就无人堪当重任？为什么人家公司出走几个人风平浪静，我们公司出走几个人就伤筋动骨？为什么人家公司群殴战术玩得这么棒，我们公司就只能单打独斗？

对组织的认知不迭代不升级，组织问题的解题思路就永远无法打开。

组织是一群有共同目标的人这个认知有其上限。组织难道仅仅是人吗？人只是组织这个抽象概念最显性的部分，就好比躯干、四肢、毛发是一个人最显性的部分一样。看得见人、看不见人背后的流程、机制和系统,就像只看得见人的躯干、四肢、毛发,但看不到人的呼吸、消化系统一样。

组织不仅仅是一群有共同目标的人,还是一个社会系统。增加了系统视角看组织,很多组织问题的解题思路也就会打开。比如,之所以招不来、用不好、留不住人才,原来是因为没有在人才选育用留系统上下功夫;之所以一盘散沙、各自为战,原来是因为在任务协同系统上有缺失。

小结:组织就是一群有共同目标的人这个认知很值得警惕,因为它可能限制了高管思考和解决组织问题的思路,让高管把组织问题简化为人的问题。这么想来,"**组织不仅是一群有共同目标的人,还是一个社会系统**"这个认知是所有想领导组织持续迭代的创始人/一号位、高管必须实现的进化。

认知二:建立组织主要是解决内部协同问题

公司要长期生存和发展、保持竞争力,外部适应性和内部协同性两个问题必须平衡好。据我们观察,不少高管会有这样一种认知:战略相关的工作主要是解决外部竞争问题,组织相关的工作主要是解决内部协同问题。

这个认知的好处是逻辑简单,便于分工和甩锅:创始人/一号位和业务高管负责战略;HR 们负责组织能力。

在这个认知之下,高管们分析组织问题时过度使用内部视角而忽视外部视角,会给组织带来长期隐患。

首先,容易滋生组织政治。人是社会性动物,寻找敌人和对手是天性。做组织工作，如果找不到共同的外部敌人或对手，就只能在内部寻找甚至制造敌人或对手，这就很容易导致组织工作政治化：战略实现不了，就是你们组织能力的问题。

研讨组织工作时，如果高管们过度使用内部视角而缺乏外部视角（对环境、竞争对手、行业标杆、客户的洞察），就容易过度关注内部权力、地位、资源的争夺，导致很多无效的扯皮和内耗；如果高管们能够平衡内外部视角，这种现象就会大大减少。毕竟，一旦有了共同的外部敌人，内部对手就可以变队友，从竞争走向合作。

其次，容易陷入对内部和谐的执迷。内部视角过强，就容易过度追求和谐稳定、团结友爱。一旦为了和谐稳定而和谐稳定，为了团结友爱而团结友爱，就会扼杀组织的勇气和活力。这类场景比比皆是：

- 在定级定薪的时候，过于恪守内部公平的原则，不敢给战略性岗位和人才做出倾斜确保外部竞争性；
- 在设定绩效目标的时候，过于关注和自己比较的增长率，而忽略了和竞争对手对比相对增速；
- 在绩效评定的时候过多地看苦劳，而忽视了看功劳；
- 在设置组织架构和进行人员分工的时候，过于讲究平衡感，而不敢打破旧的平衡建立一个更高质量的新平衡；
- 不敢淘汰低绩效和不合格员工、无法直接发表反对意见、不愿意承受冲突带来的压迫感、听话和说好话代表正确、员工之间过度发展人际友谊而非事业关系；
- ……

这些问题积少成多，组织的外部竞争力就会衰退。

因此，必须警惕组织工作主要就是解决内部协作问题这个认知，把它迭代为组织就是通过解决内部整合问题来解决外部适应性问题。毕竟，优胜劣汰，适者生存是商业世界的真实法则。**没有外部适应性的内部协同性可能只是一厢情愿，不能打造外部适应性的内部协同性只是自娱自乐。**

认知三：组织问题可以通过引入最佳实践来一劳永逸地解决

我们发现，除了对"组织是什么"和"组织干什么"这两个问题有认知偏差，不少高管还对"组织何以成功"这个问题有一定的认知偏差。

典型的现象就是不断导入所谓的最佳实践：引进最好的流程、机制、方法，折腾得不轻但没什么效果；以管理成熟业务的成功方法管理新业务，结果把新业务管死了；以 $0 \sim 1$ 阶段的成功经验去管理 $10 \sim 100$ 阶段的组织，结果到处摁下葫芦起来瓢……

背后的实质是高管们过度以静态的、绝对的思维看待和追求组织成功，没有意识到组织的发展是动态的、演变的、有阶段的、有层次的。

以静态的、绝对的思维认知组织为什么值得警惕？因为一旦如此，创始人/一号位、高管们就经常想用一两招去一劳永逸地解决组织问题，因为静态的、绝对的认知背后意味着所有问题都有标准答案和最佳答案。

如果创始人/一号位、高管不想去操这个动态演变的心，总想着找到一两招就解决问题，那就是在逆着组织发展规律做事。这就像是带孩子，在孩子的婴儿期、幼儿期、少年期、青少年期，带的方法是动态的、演进的。到了成年之后，当然就可以简单了。你想想，你能用对待成年人的方法对待幼儿吗？孩子已经上小学了，你还用对待婴儿的方法对待他们行吗？

有些创始人/一号位、高管既没有这个认知，也没有处理这种烦心事的心理能力，于是就想着，既然组织问题这么烦，还是在业务方面做做动作吧，这样才能得到及时的正反馈。

什么事情，掌握了其规律才能获得自由。

只有摆脱了这种静态的、绝对的认知，意识到组织的成功是动态的、演变的、有阶段的、有层次的，才会对组织成功永远在路上"不同的阶段/层次做不同的事情""搞组织工作要大处着眼、小处着手、寻找杠杆解"这些话有体感，才不会想着一次性引入一些所谓的最佳实践就能一劳永逸地解决问题。

如何对三个认知保持警惕并实现进化？

尽管我们指出了这三个值得警惕的认知，但又该如何对这三个认知保持警惕呢？显然，不是光听听我们说说就行。**因为认知一旦形成，就会有惯性，如果已经变成无意识的基本假设，那就连发现自己是以这种认知分析组织问题的本身都成了问题。**

毕竟，我们难以注意到我们根本没去注意的东西。

我们的建议是：**高管团队引入一个好的关于组织的共同思维框架／方法论，把对组织问题的讨论显性化，让这三种可能的危险认知暴露在阳光下。**

V 模型（如图 7-5 所示）是首席组织官借鉴众多经典模型、结合中国民营企业管理实践开发的一个组织模型，它为高管认知组织问题提供了一个共同的思维框架（三层次—五要素—六大步），并着重注意了如何克服上述三种认知带来的潜在负面影响。这个模型已经在很多公司实际使用。（相关延伸内容可以扫描本章末的二维码，观看视频《看懂 V 模型三层次，高管团队如何领导组织进化》）

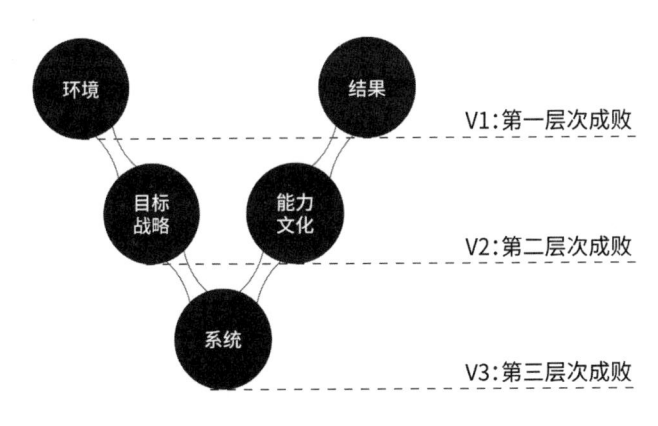

图 7-5　V 模型及组织的三层次成败

比如，V 模型包含了环境、目标 & 战略、系统、能力 & 文化、结果五大要素，以防止对人这个要素的过度关注，而忽视了人背后的组织能力 & 文化（而不仅是个人能力），以及这些能力 & 文化背后的系统。

再如，在利用 V 模型规划及设计组织时，需要首先和专门对环境进行澄清和解读，以防止外部视角的缺失。另外，V 模型把战略与能力 & 文化、系统放在一个闭环里考虑：一个高管团队每次谈战略的时候必须谈能力 & 文化甚至系统，这样才能确保组织工作首先不与战略分割，另外也防止组织工作变成了纯粹的内部协同的事情。

再有，V 模型把组织发展分为三个阶段、层次，帮助大家动态地、演变地、有阶段和有层次地分析和思考组织问题。既不能到了新阶段还不及时换挡，又不能超越本阶段去过度投资。

当然，有个共同思维框架 / 方法论是远远不够的。更重要的是，高管团队**要集体刻意训练**。如果不能有纪律地刻意训练，即使模型再好，也解决不了问题。我们观察到，一个高管团队，如果没有 2—3 次的实际使用，是掌握不了任何思维框架 / 方法论的。通过刻意训练，一方面是在分析和解决组织问题，另一方面也是在影响每个高管的底层思维模式 / 基本假设。如果只是在空喊大家要重视组织工作，那是没用的，那不符合成年人的学习特点。

最后再总结一下。

- 要警惕组织是一群有共同目标的人这个认知，并进化成组织不仅是一群有共同目标的人，还是一个社会系统。
- 要警惕组织工作主要就是解决内部协作问题这个认知，进化为组织工作主要是通过解决内部协同问题来解决外部适应性问题。
- 要警惕组织问题可以通过引入最佳实践来一劳永逸地解决的认知,进化为以动态的、演变的思维追求组织成功。

解决这三个普遍认知误区的一个方法就是引进一个关于组织问题的共同思维框架/方法论,并刻意练习。

延伸阅读

8.【视频】《为什么一群智商 130 的高管，一开会就集体智商降为 90？》

9.【视频】《看懂 V 模型三层次，高管团队如何领导组织进化》

8 场域:
天地之大德曰生

真才实学的"真"
真情真我的"真"
追求真理的"真"

前文我们解释了，一号位是打造真高管团队的第一要素，外部适应性是真高管团队的核心责任，真高管是真高管团队中另一个与人相关的要素，使命愿景价值观是真高管团队的基本规则，共同语言能让整个真高管团队形成共同的思维框架。

接下来，我们来谈谈，打造真高管团队模型中的第六个要素：场域。并着重介绍什么是场域，应该打造何种类型的场域，打造真高管团队场域的重点又是什么？

首先，我们提出真高管团队要打造具有生成性的场域。生成性就是有生命力，利于生长、生成。我们先介绍了生成性场域的滋养作用及生成性的来源，再针对如何打造生成性的场域，给出了两点建议。

然后，我们认为真高管团队具有生成性场域的一个显著标志，就是真高管团队允许标签式、评判式反馈的存在。在解释了为什么会有这一看法之后，我们也给出了可以将标签式、评判式反馈变成团队学习的契机的五个方法。

最后，我们提出真高管团队的一种理想精神及情绪状态是恬然澄明且有行动力。对于如何打造恬然澄明且有行动力的场域，我们给出了三点建议，并在此基础上，延伸出了与"恬然澄明且有行动力"异曲同工的另一种状态,就是敬天爱人、使命驱动。

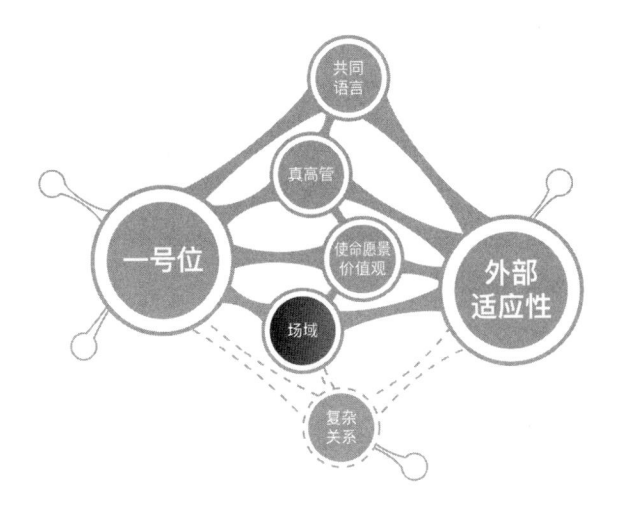

25

场域没有生成性，高管团队"真"不起来

作者：蔡地

在第 2 章，我们已经初步谈了谈场域的概念及其重要性。这里，我们继续展开探讨一下场域的生成性和打造真高管团队之间的关系。

先阐明一下核心观点：**场域如果没有生成性，高管团队就"真"不起来，"真"不长远，也长不出来真高管；真高管团队应该持续刻意地评估、反思、设计、改进高管团队的运行和工作机制以保护和提高场域的生成性**（如图 8-1）。

毫无疑问，高管团队不是存在于真空之中。不仅如此，每个高管团队还通过自身独特的群体/人际互动模式在不知不觉中形成了自己独特味道的场域。时间一久，身处其中的人对此可能已经不以为然，但刚刚与团队打交道的人却能一闻便知。正所谓，"与善人居，如入芝兰之室，久而不闻其香，即与之化矣。

与不善人居，如入鲍鱼之肆，久而不闻其臭，亦与之化矣"。

图 8-1 高管团队的场域

第 2 章我们提到，一般可以从以下三个方面去衡量高管团队之间的场域质量（如图 8-2）：

方向感和纪律感

安全感和信任感　　　　　　　兴奋感和意义感

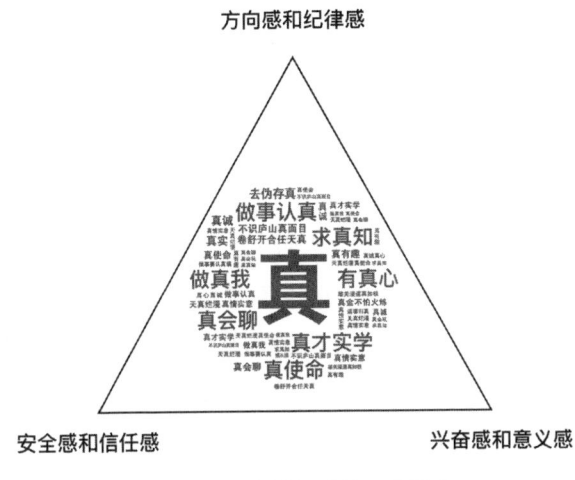

图 8-2 生成性场域的三个维度

（1）安全感和信任感；

（2）意义感和兴奋感；

（3）方向感和纪律感。

生成性场域，则要能够有效平衡方向感和纪律感、意义感和兴奋感、安全感和信任感三方面的要求，要能够实现打造生成性环境的功能。可以从以下两个方面判断场域是不是具有生成性：一是能不能生成人才，就是氛围比较滋养人的成长；二是能不能生成好的战略决策和组织决策。

坦率地讲，场域及其生成性其实不是什么高深莫测的概念。这里，我们用会议室的物理环境设计作为一个例子来说明一下。有的会议室（体现平等的桌椅安排，清爽温暖的色彩设计，鼓励包容的Slogan，等等），进去后我们就会觉得，在这里"讲真话做真我、追求真理"，是安全的和被信任的，令人兴奋和富有意义的，方向清晰和规矩明确的。在这样的会议室，人能感受到意义和成长，高管团队往往也能收获好的决策，或者起码能二者得其一。

而有的会议室（刻意体现等级、地位、权力差异的桌椅安排，庄严沉重的色彩设计，强调奉献、纪律的Slogan，等等），一进去我们就会觉得等级森严，在这里"讲真话做真我、追求真理"，不仅不安全和不被信任，甚至有可能是幼稚和愚蠢的。在这样的会议室，"认认真真走过场"可能就是"皇帝的新装"了，人不会感受到任何意义和成长，高管团队的质量也可想而知。不过，"认认真真"四个字倒是体现了纪律严明。

试问一下，如果一个场域既不能给人安全感和信任感，也不能给人兴奋感和意义感，也不能给人方向感和纪律感，那会给人一种什么感觉？是不是有点"哀莫大于心死""回天乏术"的感觉？不可否认的是，现实中很多会议给人的就是这种感觉。

当然，我们也得承认，让一个高管的场域在以上三个方面都质量上乘也是不太现实的，尤其是对那些处在创业阶段的高管团队而言。因此，三个方面的动态平衡就至关重要。如何动态平衡呢？其一，起码要保证两个方面还不错，仅仅一个方面还不错很容易做到也不会让高管团队产生竞争力；其二，要根据外部适应性和内部整合性的需要，业务的状态和团队的现状，去动态地选择这两个方面，不断通过螺旋式上升去提高生成性。

讲到这里，可以发现，场域及其生成性并不是什么高深莫测的概念。但我们不禁要问：当我们第一次提出这个概念的时候，为什么有那么多的高管团队产生豁然开朗的感觉？除了当局者迷，旁观者清，还有别的原因吗？

一个可能的解释是，有些场域设计本身更为外显，其影响更为暴露和直接，因此更容易被所有人觉察，就像会议室设计一样。而有些场域设计本身更为隐形，甚至可能是高管团队集体无意识设计出来的（比如，每次开会都是按照职务高低发表意见），其影响也更为隐蔽和间接，因此更不易为内部人觉察，反倒是外部人更容易觉察（这也是很多高管请教练的原因，以及高管教练这个职业最大的价值所在）。

继续以开会这个场景为例，除了外显的物理环境的设计，还有哪些人为的刻意设计（不那么外显和直接）可以提高高管团队的场域的生成性呢？其实，我们在第 3 章已经给出过一个具体的意见：**一号位要善于"最后发言"**。

请大家务必注意，这个意见看似简单，但是细品后你就会发现，操作难度很大，知易行难。为什么这么说？一言以蔽之，改造人比改造物理环境可难太多了。一号位最后发言，会对一号位的心胸和耐心、认知能力和判断力、对自己生命意义的理解、对高管团队的想象这几个方面都提出要求和挑战。不过话又说回来，一号位如果不挑战自己，谁又去挑战他/她呢？一号位不严格要求自己，凭什么奢望有一支真高管团队呢？高管团队不去挑战难事，又凭什么成为真高管和真高管团队呢？又凭什么有外部适应性呢？

除了一号位最后发言，还有什么办法可以提高高管团队场域的生成性呢？这里，有三点建议分享给大家，希望对你有所启发。

第一，建立一个正式的机制和流程，刻意定期评估和反思高管团队场域的生成性，并主动规划和设计提高生成性的行动方案。

第二，共创真高管团队章程并定期更新迭代。注意，真高管团队章程，不是公司的章程，就是真高管团队这个团队的章程（如图 8-3 所示）。这个章程至少要涵盖以下几个方面：

（1）团队定位，团队要构建什么，维护什么，重构什么？

（2）团队目标和任务，高管团队短期内要实现的共同目标是什么，专属于高管团队的关键任务有哪些？

（3）角色分工，基于定位和目标，高管团队如何分角色和分任务？

（4）团队规范，高管团队如何约束团队和个体行为，如何解决内外部冲突，如何决策和集体学习？

（5）团队气质，高管团队共同向往的想要的团队气质和风格是什么？

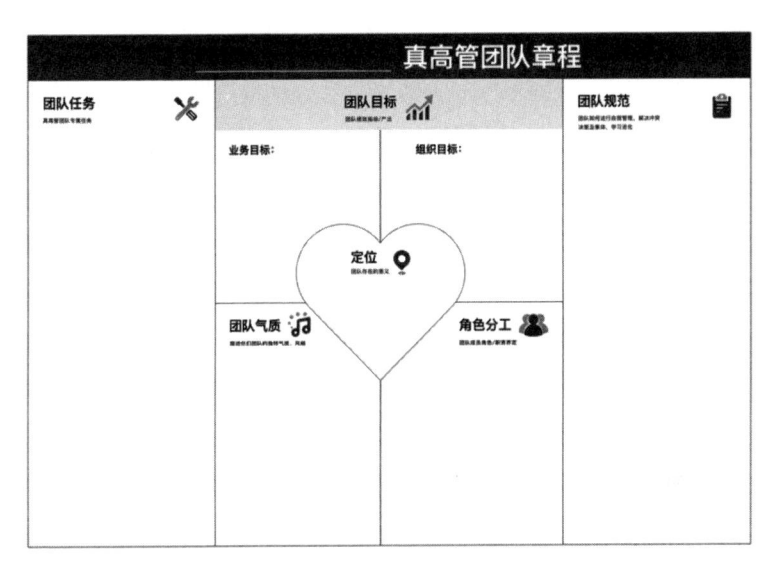

图 8-3　真高管团队章程画布

第三，集体刻意练习并深入掌握深度汇谈这个方法。高管团队张力冲突是常态。每个人都是在各自领域里久经沙场的能人和牛人，电光石火很常见，陷入证明"我对你错"的僵局更是常态。彼得·圣吉在《第五项修炼》提到的深度汇谈这个方法为解决这个问题提供了很好的思路。彼得·圣吉指出，深度汇谈是对日常经验和我们认为理所当然的东西的一种持续的集体性探询会议，让人们摊出心中的假设，一起真正进入思考，其重点在于，通过深入探求来实现更好的决策。要做好深度汇谈，需要注意以下几点：

（1）表达内心的声音，同时悬挂假设。悬挂假设不是指改变自己的看法，而是对质疑和评论保持开放和欢迎的姿态。

（2）在别人发表观点时用心聆听，将其他成员视为共同探索真理的伙伴。以"理解对方为目的"的同理心倾听，是聆听的最高层次，需要刻意修炼。

（3）尊重别人的观点。时时提醒自己，给予不同意见的人发表看法的空间，尊重他人、鼓励他们发表看法，而不要总想着改变别人。

（4）避免从辩论演变成争吵。要对争吵保持刻意的警惕。

（5）尊重和遵从组织的最后决策。深度汇谈的目的是达成组织决策。在深度汇谈后即使不赞成决策，也要努力执行决策。

第四，刻意设置和培养园丁这个角色/功能。园丁的概念源自《园丁与木匠》这本书。书中的核心观点是，爱是孩子进化的保障，父母要像园丁一样创建环境用爱滋养孩子，而不是像木匠一样去改变和塑造孩子。同样地，如果把高管团队比作一个百花齐放的花园，那么任花儿自由生长就会出现"极个别的霸王花"或者"众多长势不旺的小花"。因此，需要刻意设置和培养园丁这个角色/功能来为高管团队建立一种生成性环境，创造一个生态系统,因为只要保证土壤富饶、空间安全,花花草草就能以各种你预料不到的方式自行应对环境的变化。对于高管团队而言,园丁代表的就是爱和生命力,很多高管团队之所以难以持续进化,就因为爱和生命力不够。当然,从务实和操作的角度,前边提到的三个建议要想落地,也都离不开园丁的构建、维护和改进。

26

要允许标签式、评判式反馈的存在

作者：房晟陶

上面我们提到真高管团队要打造生成性场域，但一味正向反馈的拍马屁氛围不利于真高管的成长，能够容纳标签式、评判式反馈的高管，才更可能成为真高管。正所谓"吾爱吾师，吾更爱真理"，沉默或谎言才是真理最大的敌人。

下面，我们就来详细谈谈真高管团队为什么要允许标签式、评判式反馈的存在，如果不允许，又会怎样。

你是否遇到过如下场景：

- "我觉得，在你心里，压根就没有'人'。"
- "我觉得你就是在为自己的简历工作，而不是在为公司工作。"
- "我觉得你太软太面，不适合当领导。"
- "我觉得你从来不操心，眼里就看不到活儿。"
- "总体来说，你是一个管理者，不是一个创业者。"

- "我觉得你很能吹。"
- "我觉得你从来就不理解什么是担当。"
- "你太以自我为中心了,都不知道别人为什么讨厌你。"
- "你就是想当一个甩手掌柜。"
- "我觉得你是一个没有主见的人。"

对于以上这些标签式、评判式反馈,你能否接受?

还有人敢给你这种标签式、评判式反馈吗?

这种反馈会给我们带来极大的不爽,甚至痛苦。我们做了很多事情去规避这种反馈,包括减少社交,把关系都维持在表面和和气气的层面,与提供了这样反馈的人绝交,等等。于是,到了一定年龄之后,很多人就逐渐得不到这样的反馈了。

我们也尽量克制自己不去当面给别人这种反馈。当然,很多时候也克制不住,于是很多这样的反馈就只好背后讲。个别时候,我们也忍不住会当面爆发,这样的爆发经常会引起面红耳赤的争吵、互相揭丑、关系决裂等。

有些人则走向了另一个极端:学会了毫无原则地给别人(尤其是那些有权力的人)标签式、评判式正向反馈,俗称"拍马屁"。

对于这种标签式、评判式正向反馈,我们倒是能心情愉悦地照单全收。正所谓"千穿万穿,马屁不穿"。

所以说,实际上,我们并不是不愿意接受标签式、评判式反馈,我们只是不愿意接受标签式、评判式批评。

就像俗话说的马屁里面也有真情一样,难道标签式、评判式批评里就没有真理吗？

肯定是有一部分真理的。良药苦口利于病。而且，很多高价值的反馈，在给出的那一刻，都会被认为是标签、评判。过了很长一段时间之后，一部分被反馈人才愿意心平气和地承认，那些标签、评判在本质上是深刻的、正确的。

这些道理我们都懂。但是，绝大部分人仍然不愿意接受这种良药。

我们都希望被表扬，不希望被批评，而且也都比较爱批评人、指责人。这些都不是什么新发现。卡耐基在《人性的弱点》中早就总结过了。

因此一个需要讨论的问题就是，在创业型高管团队这种特别情况中，是否应该允许标签式、评判式反馈？一个优秀的创业型高管团队，即真高管团队，是否应主动创造可以接受标签式、评判式反馈的氛围？

我的观点是：**允许标签式、评判式反馈的存在是真高管团队的一个重要标志；那些能够容纳标签式、评判式反馈的高管，更可能成为真高管（如图 8-4）。**

我首先得明确地强调，给他人标签式、评判式反馈，这不是个法定权利/权力。上级对下级没有这种权利/权力。即使是威信不容置疑的创始人，对高管也没有这种权利/权力。公司不是军队，创业也不是把脑袋别在裤腰带上的革命。大家首先是契约关系、合作关系，而不是生死关系，不是皇帝和臣子的关系。

图 8-4　标签式、评判式反馈

可是，与此同时，给别人标签式、评判式反馈也不能算是个违法行为，无法明令禁止（有些人还认为这是自由表达权）。

这于是就成为一个灰色区域，留给了不同的企业文化去自己界定边界。

比如，很多父权式领导风格的创始人/一号位就认为自己就有这个权利/权力，而且是"为你好"。

我个人的价值取向是不广泛鼓励这种反馈方式。在一个公司里，我们没有必要把标签式、评判式反馈合法化，而是应该鼓励那种有行为观察的反馈（姑且称之为"职业化反馈"）。批评即使再对，也最好裹上一层糖衣，才更容易被接受。我们不要轻易与人性作对。

首席组织官的使命是赋能领导团队，共创美好组织。一个弥漫着标签式、评判式反馈的组织离一个美好组织还是有距离的。对于更大范围的社会来说，更是这样。如果一睁开眼、一打开手机、一登录网络，感受到的都是标签式、评判式反馈，那么越来越多的人就不得不社恐了。

但是，我认为，对于一个创业型高管团队来说，要允许标签式、评判式反馈的存在，甚至要主动去创造这种氛围。

标签式、评判式反馈的表面优势在于速度快、效率高。更深刻的优势在于这样的反馈经常会有来自直觉、潜意识的前瞻性、预测性。

这对于肩负着公司生死责任、大量员工的生计和希望，经常时间紧任务急的创业型高管团队来说至关重要。

而相对来说，职业化反馈往往是事后诸葛亮。这倒符合反馈（feedback）的字面定义：向回看。而标签式、评判式反馈则更可能是向前看（feedforward）。

高管团队的核心任务就是在模糊、混乱、变化中探索面向未来的方向、目标和战略，很多决定是必须用直觉去整合的。如果事事要摆事实讲道理、首先注重程序的正确性，很多好的想法都会被压制，整个团队都可能被拖入理性的平庸，以及缺乏危机意识的温情脉脉中，在竞争中失去先机。

对于一个创业型高管团队来说，其最大的危险是沉默的谎言。提倡职业化反馈的人，如果意识不到这一点，就很容易误把标签式、评判式反馈当作最大的敌人。

另外，很多创业型高管团队的成员都没有什么职业化经验，想让他们做到职业化反馈实际上是很一厢情愿的。这不是意愿和品德的问题。比如，很多人心里会有强烈的情绪感受，但是不善于用准确的、职业化的语言表达出来。于是标签式、评判式的反馈就成为一个出口。这些情绪感受是真实的，也是很可能有非常高的前瞻性、预测性价值的。

更好的策略应该是因势利导，允许标签式、评判式反馈的存在，引导这种反馈的正向价值，降低其破坏性作用。换句话说，就是要把这些标签式、评判式反馈变成团队学习的契机。

如何才能做到？下面给出几个建议。

1. 提倡自我批判

一个人如果不愿意自我批判，其他人的反馈就不会被视作"礼物"（不管是标签式、评判式负面反馈，还是职业化负面反馈）。

如果能有一部分优秀的高管，以自我批判的精神，允许他人给自己提供标签式、评判式批评，高管团队就逐渐能建立这样的氛围。当然了，如果创始人/一号位本身就难以接受这种标签式、评判式反馈，那就别指望高管团队里面有这种氛围了。

自我批判的氛围也包括要敢于认账：给了别人错误的标签式、评判式反馈的人，在意识到自己的标签、评判有误之后，要敢于承认错误。如果有了这样的认账氛围，则团队成员对标签式、评判式反馈的接受度要大得多。

对于创业型高管团队来说，外界给的反馈非常快。这就意味着如果某个标签式、评判式反馈是错的，也会迅速得到实际业务结果的反馈，被评判人可以迅速得以"平反"。

2. 与创业伙伴建立深度情感账户

很多成功的公司在初创的时候都是 3F 团队：Family（家人）、Friend（朋友）、Fool（傻瓜）。

在家人、朋友、傻瓜之间，是可以容纳很多这种标签式、评判式反馈的。

比如说，如果是老同学，在老同学们的青少年期，这种标签式、评判式的反馈是很多的（青少年之间在标签式、评判式反馈方面是非常狠的）。老同学之间，即使毕业二三十年了，再聚到一起，经常说的也是这种标签式、评判式反馈，大家也不会受伤。

配偶之间更不用说了，这种标签式、评判式反馈满天飞，而且还会夹杂着冷嘲热讽以及鄙视、蔑视，你还拿他没办法。

如果高管团队已经不是以这种 3F 为主体了，那就要在平时注意建立深度情感账户了。没有情感账户的存款，一次标签式、评判式反馈就会把友谊的小船掀翻。

如果高管团队只能允许职业化反馈的话，那说明团队成员的关系还不是很深入，外界生存竞争的压力可能也不太大。

3. 区别化对待每个个体高管

创始人与老高管之间，经过长时间的相濡以沫，双方（至少高管一方）已经非常能接受这种标签式、评判式反馈了。久而久之，这就成了创始人及老高管们评价人的一个重要标准。

但是，一个外聘的高管，在没有与创始人及老高管建立深度关系之前，是很难接受这种标签式、评判式反馈的。

双方都会把因此而产生的摩擦当作对自己的挑战甚至侮辱，

创始人觉得自己的权威受到了挑战，觉得不被尊重；新来的高管觉得自己被要求"臣服"，伤害自尊；老高管会觉得新来的高管摆谱、不注重实质；其他新高管会觉得老板像皇帝，老高管像臣子。

各方都需要学习进化。一部分创始人及老高管在祸害了几茬外聘高管之后，学会了用不同的方式与外聘高管建立关系。一些成熟企业出来的高管，在踩了几次坑之后，也逐渐理解和把握了创始人、创始高管团队的特点。

每一个外聘高管的成活，都需要一个建立深度关系的过程。而且，每个外聘高管个体都不一样，不能"一视同仁"。有些高管已经经历过这种阵势，进入状态会快一些。有些人则是刚从职业化反馈的花园里出来，没有一两年的时间，很难适应这种标签式、评判式反馈的丛林。

4. 寻找和发展几个 A 级人才

乔布斯说过，A 级人才的自尊心，不需要呵护。

这种 A 级人才让创始人 / 一号位心情轻松。

每个创始人 / 一号位都希望高管团队里面都是 A 级人才，亦即首席组织官所说的真高管。

但我们绝大部分人都不是 A 级人才。我们不能假设每个高管都是 A 级人才。

很多人在年轻的时候，看起来挺像 A 级人才的。那是因为在那时候，我们翅膀还不硬，不得不经常接受来自上级、同事的这种反馈。

当我们逐渐变得能力强了、翅膀硬了，这种雅量和承受力就不行了。这也是很多公司不愿意用35+人员的一部分原因：他们很难再从这种标签式、评判式反馈中汲取任何营养了。

而那些真正的 A 级人才，过了 35+ 仍然会保留这种能力。

他们能够给别人创造一个安全的环境，让他人没有负担地表达出各种反馈。

另外，他们不是只从语言上得到反馈，还会从别人的非语言行为上去感知，不断自我觉察，跟自己对话（过去很多人写日记也可以起到这种作用），并付诸行动。

当然，他们绝对不会停留在标签、评判这个层面，而是能心平气和地、有技巧地引导对方从标签、评判开始，共同深挖下去，找到可以改进的具体点。在这个过程中，他们也与对方建立了深度工作关系。

另外，除了能够接受和引导这种标签式、评判式反馈，这些 A 级人才、真高管也会不断提高自己给他人提供标签式、评判式反馈的能力。想一想：为什么有些人给我们标签式、评判式反馈我们就容易接受，而另外一些人给我们这样的反馈我们一听就炸？标签式、评判式反馈的背后是否有善意的出发点是关键。

可以说，善于把标签式、评判式反馈转化为学习机会，就是 A 级人才、真高管、真高管团队的必要条件。

寻找和发展几个这样的 A 级人才，既是创建这种氛围的关键，也是让潜力型 A 级人才成为真正的 A 级人才的必要条件。

5. 引导高管接受标签、评判等普遍存在的现实

即使你不愿意接受标签、评判，标签、评判也是广泛存在

的。客户对你会有，观众会对你有，粉丝对你会有，父母对你也有，你的敌人和对手更会有。

你自己也有，对很多事情都有。

很多人只是学会了不说出来，但在行动中坚定地应用（比如说提拔谁、和谁合作、喜欢和谁玩、对什么人永远心存戒备、对什么人只说三分话、和哪个人继续交往，等等）。

有的时候，我们还会故意去创造这种标签、评判，比如在品牌塑造中。

所以说，标签和评判不仅是现实和人性，甚至是一种生存策略。

一个真高管和真高管团队，要有智慧去理解和接受这一点。与其情绪化地对抗、消极地规避，或者幼稚地去粉饰太平，不如接受和驾驭之，与之共舞。

而且，一个我们不得不面对的现实是，在我们的文化传统以及目前的历史阶段下，大量创始人/一号位都有这种标签式、评判式反馈习惯（尤其是在还没有达到稳定发展期的公司里）。另外，很多创始人/一号位也把敢于提供标签式、评判式反馈看作是高管"说真话、做真我"的行为表现，不敢这么做的人就是不够"真我"。

如果有些人选择不接受标签式、评判式反馈的丛林，喜欢待在职业化反馈的花园里，这一点也无可厚非。

如果有另外一些人，受不了入世修行的诱惑，钻进了标签式、评判式反馈的丛林，这也是一个勇敢的选择。如果他们不仅能在丛林中存活，还能在一定程度上改进丛林的生态，那就更值得尊重了。

如果创始人/一号位，也能随着公司的发展主动调适自己的行为，在标签式、评判式反馈和职业化反馈之间找到一个平衡，那对公司的发展也是件幸事（比如，在高层/合伙人团队保持标签式、评判式反馈，但在中基层团队中以职业化反馈为主）。

最后，留给大家几个思考题。

- 你自己是否能接受标签式、评判式反馈？
- 你会经常给别人标签式、评判式反馈吗？
- 你认为高管团队应该允许标签式、评判式反馈的存在吗？
- 你认为标签式、评判式反馈算是说真话、做真我的体现吗？
- 你觉得创始人/一号位有给别人标签式、评判式反馈的权利/权力吗？
- 在你所在的组织里，是标签式、评判式反馈造成的危害大，还是沉默的谎言造成的危害大？

27

恬然澄明且有行动力是一种理想精神及情绪状态

作者：房晟陶

前面我们提到的"场域"主要是来源于组织环境的影响，要在真高管团队中营造成长的氛围。但还有一部分"场域"来源于我们的心境，这一节我们来探讨高管团队的精神及情绪状态问题，以及真高管团队理想的精神及情绪状态可能是什么样子的。

一千个高管团队就有一千种不同的状态，而且会动态变化，没有人可以阅尽。下面我就描述几个我有所观察和感受的典型状态，但仅仅是管中窥豹、不一而足。有些高管团队，也会呈现两种甚至三种状态的组合。

第一，焦躁阴郁的高管团队。以目标、任务为导向，人就是技能包；重视认知需求，鄙视情感需求，不太讲人味儿；方向感和纪律感很强，安全感和信任感偏弱；非常缺乏轻松幽默，只能领导偶尔开玩笑，其他人不能随便开玩笑。

第二，腻腻歪歪的高管团队。经常陷入拖沓冗长的讨论，不及时做决策；每个人都试图系统全面地看待问题；特别重视自己及他人的表达权，只能拐弯抹角地发表反对意见；特别强调共识决策，也喜欢复盘；纪律感、紧迫感缺乏，思考力远大于行动力。

第三，**虚情假意**的高管团队。表面上是为了客户成功和公司成功，实际上是在追求个人免责；善于闲扯淡的人受到表面欢迎，认真的人被暗中嘲笑；很职业地说着套话，没人真正关心公司的长期竞争力；方向感和纪律感浮于表面，意义感严重缺乏。

第四，**一团糨糊**的高管团队。既不焦躁阴郁也不虚情假意，也没有人在故意捣糨糊，但团队就是一团糨糊；大家都在很真诚地稀里糊涂，失去了集体判断力，大多数情况只能即兴决策；很尊重"外部专家意见"；目的感和方向感严重缺乏。（相关延伸内容可以扫描本章末的二维码，观看视频《不好的高管团队精神状态是什么样子的？》）

高管团队呈现出这些状态的原因是多方面的，比如业务问题、能力问题、公司治理问题等。但是，一个不可回避的方面是：**高管团队整体的精神及情绪状态很大程度上取决于一号位及核心高管的精神及情绪状态。**

一个焦躁阴郁的高管团队，一般是因为一号位（以及几个核心高管）的主情绪是焦躁阴郁。同理，腻腻歪歪、虚情假意的高管团队，与一号位、核心高管的腻腻歪歪、虚情假意直接相关。

我自己作为一号位就有这种感受。我焦躁阴郁的时候，总是能激发起团队里偏焦躁阴郁型的高管的共鸣。我腻腻歪歪的时候，也可以迅速在团队里找到几个腻腻歪歪的知音。我虚情假意的时候，也可以很容易遇见几个善于逢场作戏的对手。团队里多几个一团糨糊的人，我就会变得越来越糊涂。这种精神和情绪状态的传染力非常惊人。

高管团队外的旁观者，可以很容易就感受到这个高管团队的状态，以及这些状态给这个高管团队（及公司）带来的问题。

但是高管团队自身不一定能及时觉察到自己的状态。另外，即使觉察了，也不一定能认知到这种状态会导致的问题。比如有些人会认为焦躁阴郁就是对的，高管团队就应该这样。

最要命的是，即使觉察了、认知了，一时半会儿也不容易找到出路。这些状态就像是沼泽地。当你意识到这是沼泽地的时候，你可能已经深入沼泽地的腹地了。举目望去，四周都是泥潭。如果贸然行动，急于摆脱目前的状态，反而可能会深陷泥潭。

怎么办？如何避免进入这样的沼泽地？已经进入了这样的沼泽地之后怎么尽早走出来？

有些人认为，只要是人，就会不可避免地走入这样的沼泽地，一个高管团队更是这样。对于这一观点，我表示赞同。每个高管团队都会遇到沼泽地，或早或晚，或深或浅，要想完全规避是不可能的。

剩下的唯一不同就是：如何对待这一困境。

不同高管的处理方式是不一样的。比如，有些人会认为，没必要觉察和认知，保持钝感力还更好一些。当一号位还没有觉察和认知的时候，高管自己提前觉察和认知了，反而会带来更多痛苦。

问题是，觉察精神和情绪状态的主体是身体而不是脑子。即使在理性上说服了自己不必去觉察，人的身体是不会骗人的。这样的精神和情绪状态，身体是不可能不觉察的，身体语言是不可能不向别人表达的。

高管及高管团队要主动积极地面对这些状态，并且主动去创造属于自己的好的状态。

前文所提到的焦躁阴郁、腻腻歪歪、虚情假意、一团糨糊这几种状态，显然都不是很好的状态。如果你曾经历过并且走出过类似的状态，你会有深刻的感受。或者，如果你曾经感受过好的状态，你也会有深刻的对比。

好的精神和情绪状态是什么样的？

我来描述一种理想的状态：**恬然澄明且有行动力**。

这里特别强调，这不是唯一的好的状态，只是我自己略有感受、有所向往的一种状态。

恬然澄明是借用了禅宗的一个词，它描述的是自身对佛法顿然领悟时的感受。实际上，恬然澄明与存在主义哲学追求的绝对自由也很神似。

不过，我感觉，只用恬然澄明这个词，对于高管来说略嫌不够。这是因为高管既是独立个体又是组织人，所以我又加上了且有行动力。如果高管只有恬然澄明而没有行动力，那种恬然澄明也是割裂的、暂时的、表面的。

恬然澄明且有行动力是什么样的？让我从多个角度来展开描述。

- 既不焦躁阴郁，也不腻腻歪歪，还不虚情假意，更不是一团糨糊。
- 是 Being 和 Doing 的平衡。恬然澄明是内在状态，行动力是外显行为。
- 是有自我觉察的，关注自己的存在状态，同时也是关注他人的存在状态。
- 是认真的，心怀希望的，入世的。
- 不嫉妒，不怨恨，愿意与他人一起面对共存这个挑战，甚至愿意与他人一起去创作一个美好组织。
- 不是完美主义者，也不是为了取悦他人。
- 是简单纯粹的，有一些禅意。
- 与温和及坚定、理性而有使命感有点神似。
- 是可以和"使命驱动""敬天爱人"共存的。
- 这种状态不仅适用于高管，也适用于一号位。
- 如果有人觉得"行动力"这个词不够强烈，适合不了公司当前的创业状态，可以用"恬然澄明且有战斗力"来代替。两者只是程度略有不同。

这么理想的状态，如何才能做到？

第一，从自己开始。要想改变团队，首先改变自己，而不是老想着改变他人。精神和情绪状态是很有传染力的，你自己就可以成为一个积极而强大的能量。

一个高管团队里如果能有几个高管这样，就已经足够使这个高管团队远离焦躁阴郁、腻腻歪歪、虚情假意、一团糨糊了。

第二，**唤醒自我觉察，学会与情绪对话**。每个情绪都是信使。如果你不知道什么是好的，那就去远离不好的（情绪会告诉你什么是不好的）。远离了几个不好的，你离好的就不远了。试想，如果你远离了焦躁阴郁、腻腻歪歪、虚情假意、一团糨糊这四种不好的，你离"恬然澄明且有行动力"还能有多远？

第三，**每个高管、每个高管团队都需要定义和创作属于自己团队的"好的状态"，并找到适合的修炼方法**。恬然澄明且有行动力不是唯一的好的状态。

所以，我绝对不贸然地给你一个方法。我唯一确信的是，**这种学习和修炼绝对不仅是脑子和动作的学习：它可以借鉴他人的技法，但更重要的是自己亲自去探寻和体验**。

本文的主要目的就是描绘这种可能：从焦躁阴郁、腻腻歪歪、虚情假意、一团糨糊到恬然澄明且有行动力是完全可能的。而且，高管团队的精神及情绪状态也是一个公司的重要生产力。

如果你心向往之，就去寻找自己的路径吧。如果你已经在路上，那就继续加油吧。

本节最后，再补充一个关键问题，有没有与恬然澄明且有行动力可比的其他状态？

我可以想到两个：**敬天爱人、使命驱动**。

我自己也曾长期尝试体验敬天爱人、使命驱动这两种状态。我总体的感受是积极正向的。不过这两种状态都一直没有充分说服我：它们在理性层面说服我多一些，但在身体层面说服得少一些。敬天爱人就是稻盛和夫的那种感觉，使命驱动让我共情的主要是传教士和革命先驱。

这两种状态，我感觉多少有点"苦"，缺乏对个人存在状态的足够关怀，感觉个人都是为了另外一个东西存在的，同时也缺乏一些美感。

相对来说，恬然澄明且有行动力，更符合一般人、和平时代的审美。当然，如果世态发生重大变化，"敬天爱人"和"使命驱动"可能会更符合时势。我们作为社会人，也得保持灵活调适性，不必我执于恬然澄明且有行动力。

总体来说，生成性场域的形成不仅需要批评与自我批评的组织氛围，也需要成员形成恬然澄明且有行动力的心境状态，两者加持才能"自成天地"。

延伸阅读

10.【视频】《不好的高管团队精神状态是什么样子的？》

9

复杂关系：
哀莫大于心累

真才实学的"真"
真情真我的"真"
追求真理的"真"

前面我们介绍了打造真高管团队模型七个要素中的六个。

本章我们来讨论打造真高管团队模型的最后一个要素：复杂关系。

高管团队中的复杂关系，同样影响真高管团队的质量和成色，甚至直接关系到打造真高管团队的成败。

真高管团队中的复杂关系包括哪些？如何对待和处理真高管团队中的复杂关系呢？

真高管团队要带领企业和组织从胜利走向胜利，需要一号位、创业初期高管、3F型高管 Family（家人）、Friend（朋友）、Fool（傻瓜）共同进化和发力。一号位与创业初期高管、3F型高管的关系，就构成了真高管团队内部最常见、最典型的复杂关系。

我们选取三个角度来解释，一是直接解释一号位与高管团队内的复杂关系应该如何认识，二是一号位处理复杂关系应该采取怎样的策略，三是3F型高管如何做好自我进化。

首先，一号位需要识别并勇于迭代更新一两个关系。能否迭代更新这一两个关系，是一个公司能否进一步发展的关键。否则，一号位与这一两个关系，就会从事业共同体一步步沦为利益和命运共同体，甚至乌合之众。

其次，一号位要建立"治未病"的意识，来对待与高管团队内部的创业初期高管之间的关系。在"治未病"理念基础上，我们提出五点策略供大家参考。

最后，关于 3F 型高管的自我进化，从操作者到操盘者再到构建者是一条进化路径。在进化途中，对 3F 型高管的学习力要求很高，为此我们给出四点建议来帮助 3F 型高管。

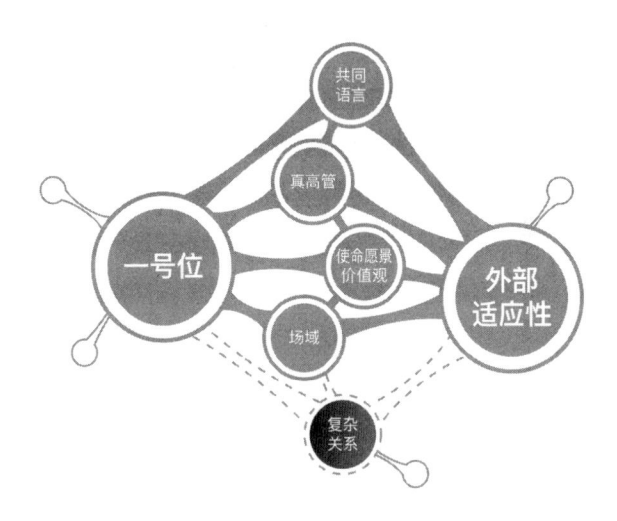

28 一号位要勇于迭代更新一两个关系

作者：房晟陶

首先我们先讲讲与一号位最直接相关的复杂关系。

一号位身边总有一两个人，他们既体现了，实际上又决定了创始人的格局。

在企业发展的初期，为了生存，大家比较容易求同存异，达成阶段性的志同道合。总体来说，创始人与这一两个人建立的还是事业共同体的关系。

可是事物会发展变化。人无千日好，花无百日红。时移世易，此一时彼一时也。人会变，事情也会变。

每个人最根本的动机，也就是"生命意义及人生召唤"是非常不一样的。当基本诉求得到满足之后，几个核心人员在底层的"生命意义及人生召唤"方面的差异就会浮现出来。

不同人的学习能力也非常不一样。学习能力背后的"生命能量"更不一样。事业在做大之后，每个人的能力、胸怀、格局、视野方面的局限性也都一览无遗。

于是，新的矛盾冲突就会出现，这种事业共同体的关系也会逐渐变化。

具体来说，会有下面这几种情况。

有的公司是创始人的学习成长不够，所以即使事业本身能吸引高能级的人才，但创始人却难以与高能级的人才建立深度工作关系（驾驭不了这样的高能级人员）。于是，离创始人最近的那一两个人，只能是创始人可以驾驭的、能级没有那么高的人。这一两个人在能力和格局方面往往有硬伤。于是，这一两个人与创始人一起，就决定了公司的格局。

有的公司的情况是创始人虽然学习成长不错，但是与创始人最近的那一两个人的学习成长没有跟上，同时又找不到或者没有主动去找到可以替代这一两个人的高能级人才。于是，虽然创始人的格局和能力不错，但实际的事情却远远做不到想要的程度，因为创始人的很多想法都得倚仗这一两个核心的人去落实。

更多的情况是创始人的能力和格局本身有些硬伤，与创始人最近的那一两个人的能力和格局也有些硬伤。于是，大家也就相互将就，谁也不要嫌弃谁了。即使吸引到高能级人才，创始人与最近的一两个人，会合力把新人"误杀"了。

还有一种情况是很多创始人在高管团队中形成了一枝独秀或者孤家寡人的状态，下面的高管要么是走马灯似的换，要么是换着法子争宠。虽然没有那最近的一两个人来影响创始人的格局，但这个创始人的格局因为没有可以PK的对象，也受到很大局限。

另外，还有公司一号位缺位的情况：公司创始人已经失去了对公司的把控力，领导团队中出现了多个权力中心，重要的决策很难做出。

在以上这几种情况下，**创始人与最近的一两个人，就不再首先是事业共同体的关系了，而是变成了首先是利益和命运共同体的关系了，甚至是乌合之众的关系。**

如果一个公司最核心的几个领导人之间是利益和命运共同体的关系，那么，追求事业共同体的高能级人员就很难被吸引来，吸引来了也很难融入。

还有，如果与创始人最近的一两个人里面包含了夫妻关系、兄弟关系、父子关系等血缘关系，那就更加坐实了利益和命运共同体的关系，使得事业共同体更难再现。

与创始人最近的这一两人如果仅仅是能力不够，那还容易处理一点。如果是胸怀、格局、视野上有问题，那就更难迭代了。例如，与创始人最近的这一两个人是充满着嫉妒心、不安全感的人，你会发现新的高能级人才即使被吸引来，也很难融入，很难发挥，很难长期成活。

于是，这个核心团队就形成了一个相互锁死的稳态。这个稳态可以维持相当长的时间。

能否迭代更新这一两个关系，就成了一个公司能否进一步发展的关键（如图9-1）。

这个看似明显和简单的问题，实际上是非常难以做到的。有很多非专业的原因。

图 9-1 复杂关系的迭代

比如，很多创始人都难以承受喜新厌旧的非议。

比如，很多创始人难以割舍那种左手摸右手的熟悉感和确定感，以及长期形成的相互的心理依赖感。

比如，有些创始人尝试换了一两次，但未能成功。于是，再换的勇气（以及合法性）就逐渐消磨没了。

于是，创始人与这最近的一两个人，就共同成了公司的天花板。这几个核心人物的能力、胸怀、格局、视野就直接决定了公司高度。在这种情况下，即使方向、目标、战略想得再好，这个领导团队已经很难实现知行合一了，很多战略机遇都抓不住。

不能迭代这一两个关系，公司在相当长一段时间内就会发展停滞，直到这一两个关系被打破。有些时候，这种打破甚至需要一些危机事件来催化。

或者，就只能等到创始人将一号位传承给其他人，这一两个关系也会自然被迭代。新的一号位会有其最近的人，原有最近的那一两个人很难继续成为新一号位最近的人。

创始人与这一两个最近的人的关系，是一个企业重要的"公司治理问题"。这个公司治理问题，在重要性上是高于、先于公司战略的。甚至可以说，在这种情况下，就不能生成什么有质量的战略。

能否解决好这一两个最重要的关系的迭代问题，是对创始人成长的巨大考验。它会考验创始人的认知能力、关系能力、生命意义及人生召唤、人才审美及团队想象、精力及生命力，等等。

有什么方法可以实现迭代？我这里没有什么神奇的方法。这种问题一旦出现，就会是个疑难杂症，无论如何解决都会有很大的损失及后遗症。每个公司及创始人所面临的挑战都是不一样的。有很多问题也只能通过时间去解决，纯粹理性的分析计划很难奏效。

如果说有方法的话，那就是要注意提前去预防、规避这样的问题。比如，通过让高层团队尽早真正有使命愿景价值观；再比如，让高层人员都有成长心态；又比如，提前就设计好合情合理的退出计划；还有，创始人多注重外部学习，等等。

"治未病"是解决好高管团队复杂关系问题的最佳策略

作者：蔡地

很多成功的公司在初创的时候都是 3F 团队：Family（家人）、Friend（朋友）、Fool（傻瓜）。在早期，当公司还是一个小作坊的时候，3F 团队还是利大于弊的。毕竟，这样的团队充满了信任、温暖、激情和活力，场域也很有生成性。但随着公司业务的成长和人员规模的扩大，竞争对手变得日益强大，光靠 3F 团队打江山或守江山，就不大行了。于是，一号位就开始尝试从外部吸引高能级的人才加入高管团队共谋大业。这个时候，高管团队的关系就会变得复杂了。

上文中，我们提出，为了防止复杂关系影响真高管团队的打造，一号位要有勇气迭代更新一两个关系。但是，我们也注意到，复杂关系这个问题一旦出现，就是个疑难杂症，即便一号位有勇气去解决，也可能造成巨大损失或留下后遗症，因此，对于这种情况，最佳的策略就是"治未病"。上文中，我们没有详细讨论如何"治未病"。这里，我们尝试展开谈一谈。

策略一：在还是 3F 团队的时候，就对高管团队进行定期的体检。

现在，体检已经成为绝大多数人年度必选动作。为什么？就是因为随着个人对健康问题的重视和医疗知识的普及，我们越发明白，"早发现"才有更多的治疗方法和解题思路。这个理念同样适用于解决高管团队问题，但我们却很少看到有高管团队对自己进行例行体检。之前的障碍可能是，虽然知道要体检，但是不知道检查什么以及如何检查，就像很多医疗设备和诊断方法没有被提出之前，体检也难以实现一样。这也是首席组织官致力于开发真高管团队模型的一大原因。一号位可以引导大家基于这个模型和第 2 章给出的"7+1"问题来定期集体评估一下自己团队的"保真度"如何。毕竟，当问题可以被公开地提出，被准确地诊断，被自由地讨论，这个问题就已经解决了一大半了。

策略二：在还是 3F 团队的时候，就着手建立高管团队的集体学习成长机制。

我们还注意到一个有趣的现象，很多一号位个人的进化更新能力很强，经常外出拜师学艺，找高人交流，参访标杆企业，恨不得各大商学院、各种方法论都学一遍，然后回来就看不上、看不起自己的 3F 高管，表达失望甚至愤怒但又缺乏勇气做出改变。就这样，一号位越跑越快，越发感觉高处不胜寒，3F 渐行渐远，也越发感觉自己不再是"小甜甜"。到了这时候，复杂关系问题就已经欲盖弥彰了，光是表面和气的维持就会消耗大半心力。当然，如果一号位不那么好学上进，这个问题也许就不会出现。

但也有些一号位他们不仅自己学,还带着高管团队一起学。学习和成长的道路上,有人跟得上,有人跟不上。跟得上的人,变成了真高管;跟不上的人,识趣的话,可能申请退出高管团队,毕竟大部分人还是自知之明的;不知趣的人,当一号位要和他谈谈心、谈谈未来、靴子落地的时候,应该也没那么的大的应激反应,也不会造成那么剧烈的动荡。因此,我们强烈建议,在还是3F团队的时候,就着手建立高管团队的集体学习成长机制,而不是不建立或者各自建立各自的,或者等问题一大堆的时候再建立。这样,就可以保证高管团队离真高管团队越来越近,而不是渐行渐远。

策略三:在还是 3F 团队的时候,就着手开发一个简单的真高管通用素质模型,并定期开展 360 度评价。

如果一号位想开创一番事业,而不只是做点生意,那应该在还是3F团队的时候就建立一个简单的真高管通用素质模型,公开地表达自己的人才审美和标准。这个通用素质模型有什么用,简单说,就是照镜子、量尺子、搭梯子。没这个模型,一号位就会仅仅凭主观好恶、功劳苦劳来封官加爵。显然,主观好恶主要面向当下的情绪和态度,功劳苦劳主要面向过去的成绩。这样,对高管的评价就缺乏外部视角和未来视角。没有外部视角和未来视角的高管团队怎么会有竞争力呢?只会制造出来一大帮伪高管。

如果根据公司的发展阶段、业务属性、人员能力现状并对标外部、着眼未来,开发一个简单的真高管通用素质模型并定期开展 360 度评价，那我们就可以定期让高管们照照镜子（评估一下理想和现实的差距），量量尺子（评估一下现实和期待标准的差距），帮高管们搭搭梯子（重点缩小哪个差距以及如何缩小这个差距）。你会发现，照镜子、量尺子、搭梯子的过程中，复杂关系就慢慢往职业关系、简单关系、事业关系发展了。

策略四：刻意强调高管团队首先是个事业共同体，然后是利益共同体，最后才是情感共同体。

在和高管团队成员发展关系时，很多一号位无意识地过分强调了打造情感和利益共同体，结构性地忽视了事业共同体。甚至，有时情感和利益成了首要的目的，事业倒成了手段。显然，这样的高管团队要么自身走不远，要么所领导的组织做不大。

究其原因可能是，很多初创企业的一号位都是小白或草根出身，没有系统地学习和研究过组织管理。他们对高管团队的想象，深受《三国演义》和《水浒传》的影响，绕不过"义利观"的羁绊。还有一种情况，就是一号位在内心深处，始终认为这个事业是自己个人的事业，而不是大家一起的事业，所以就只会靠情感牌和利益激励人、影响人，而不会将一个人的事业变成一群人的事业。然而仅仅靠情感和利益，是吸引不了真正的高能级人才的。

策略五：能用分钱解决的问题，不要通过封官加爵来解决。

很多高管团队之所以出现复杂关系，是因为一号位爱封官加爵（各种 CXO，各种 VP，副总裁），哪怕那个人就是个经理甚至主管的水平。这是伪高管这么多的一个重要原因。

但其实我们都知道，跌下去的失落和耻辱感比爬上去的得意和自豪感要多好几倍。因此，封官加爵需谨慎！能用分钱解决的问题，对于那些有远大追求的一号位而言，都不是问题；但任性封官带来的问题却是系统性的。试想一下，把官封满，岂不是要免了老人，才能引进新人？如此动作，关系不复杂才怪。

扁鹊兄弟三人都精于医术，扁鹊能施猛药做手术救人于将死，二哥能把人的病患消除在萌芽之际，而大哥却能在人病情发作之前就除病因绝后患，所以在扁鹊看来，三兄弟中医术最高超的是能"治未病"的大哥。所以，一号位处理高管团队内部的复杂关系，"治未病"的策略胜过治病的雷霆手段。正是，善战者，无智名无勇功，善弈者，通盘无妙手。

3F 型创业高管的自我进化

作者：左谦

先解释一下什么是 3F 型创业高管。

在创业初期或者公司很小的时候，一号位领导的高管团队一般是 3F 组合：Family/Friend/Fool（家人/朋友/傻瓜）。

创业有风险，合伙需谨慎。创始人能否吸引几个"狐朋狗友""虾兵蟹将"组成"创业团伙"，非常考验其人品。"因为相信，所以看见"，这句话在不少创业公司流行，但与其说是相信未来，不如说是相信创始人的人品。前两种类型的高管（Family/Friend）和创始人在之前就有一定的信任基础，而后一种类型的高管（Fool）真的就是"傻傻"地相信了（当然，也可能是因为找不到更好的工作）。

再说说什么是"三朝元老"。

我们在第 7 章说到企业的成功分为三个层次，本节所说的"三朝元老"，是指在上述三个发展阶段都是高管团队成员的人。

3F 型创业高管要成为三朝元老，绝非易事。

第一个必要条件：命要足够好。

创业这事，很多时候都是猜得中开头，猜不中结尾，不小心跟错了人，或者入错了行，哪怕公司在某个阶段风光无限，但在新的发展阶段都可能悄无声息地死亡，还有少数轰轰烈烈地暴亡，上了《大败局》（注：吴晓波的著作）的名单。倘若如此，三朝元老便无从谈起。

第二个必要条件：体力/精力要好。

创业初期，处于青年期的3F型高管还能靠身板硬扛，做冲刺往返跑；后来人到中年，就得在体力/精力方面严格自律了，要改变自己的一些生活习惯，比如在睡眠、烟酒、运动、饮食方面等。否则，即便公司发展到了新阶段，有些3F型高管也可能因为身体状况不佳做不了三朝元老。

上面这两个方面比较容易想到，不作为本文探讨的重点。**本文重点探讨：要成为三朝元老，3F型创业高管需要不断自我超越，从操作者到操盘者再到构建者。**

"第一朝"：3F型创业高管要做好追随型操作者。

创业初期，公司的当务之急是迅速了解客户、了解市场，形成市场洞察，积累客户，去验证商业模式。不排除有些天赋异禀或运气超凡的创业团队，起步就是又宽又直的快车道，但绝大部分创业企业都要去不断试错、调整。

这个阶段，一个英明的一号位+几个行动力很强的追随型操作者是常见组合。

一号位对行业的认知很关键，他需要明确阶段性的关键任务，并亲自把责任落实给3F型创业高管。一号位既是战略的制定者，也是战术的发起者。

行动敏捷、拥抱变化、操作到位、及时调整是这个阶段高管非常重要的优点。"想都是问题，做才有答案""出手才有命中率"，这个阶段的高管就是要爱干活，能干活，撸起袖子，双手粘泥。高管处理任务的常见套路是"天下武功唯快不破""乱拳打死老师傅""肉搏战"。高管更多的是战术的执行者，关键任务的操作者，所谓："我相信一号位你这个人，你说向西，咱就不向东；哪怕是弯路，咱陪着一起走。"

这个阶段，3F 型高管在自主设定方向和目标方面不需要承担太多责任，虽然他们中的个别人不乏自我导航的能力（比如某些明星高管组建创业天团）。有自我导航能力的高管，可以在方向及目标设定上和一号位共谋，但是也要克制自己的自我导航能力，因为在这个阶段公司体量小，要集中资源干关键的事情，在目标和关键任务上要保持高度统一。个别很有主见的高管可能会由于方向和路线与一号位屡屡不能达成一致，从而选择离开。

"第二朝"：高管要做善于自主设定目标及分解关键任务的操盘者。

企业发展到中等规模，主营业务开始稳定，要做大，有可能开始探索多产品、多地域规模化发展；公司竞争从上个阶段的肉搏战变成阵地战。组织的人员规模也有了显著增长，事情也越来越多。大多数一号位已经不可能有体力从头管到尾，凡事亲力亲为，战略+战术一把抓的管理方式已是捉襟见肘。

在这个阶段，一号位需要几个得力的操盘者式的高管，帮助他各管一摊，分担战略+战术上的责任，尤其是战术方面的责任。

相比于"第一朝"的追随型操作者，这个阶段的操盘者需要具备相当强的自主设定目标和分解关键任务的能力，具体表现为：

- 能够基于一号位设定的大方向，自主提出相对具体的目标；
- 能够将目标进行具体丰富的表述，比如：成功标尺、关键交付物、里程碑等；
- 能够就目标和一号位进行澄清，达成共识，将一号位的意图跃然纸上；
- 能够基于目标分解设置关键任务，并擅长进行 WBS（Work Breakdown Structure）；
- 能够基于 WBS 分解，找到关键路径，设定工作计划和节点要求；
- 能够通过启动会、例会、复盘会等管理手段确保关键任务正确及时完成；
- 能够把一号位当资源，让一号位阶段性承担关键角色帮助关键任务达成；
- 能够以事修人，通过绩效分解、回顾、评价等进行人员管理，从而排兵布阵；
- ……

"第三朝"：高管要做善于建立和迭代系统、推动变革的构建者。

公司发展再上一个台阶，已经实现多产品、多地域的规模化发展，人数规模再进一步增加。大公司之下，可能还有区域公司/分公司，也可能开始有一些相关的多元化。

这个阶段的竞争，已经不仅仅是人才和团队的竞争，更是组织能力的竞争。 组织系统是组织能力的重要载体，比如任务协同系统（核心业务流程＋战略协同及绩效管理系统＋组织结构及决策系统＋全面回报系统＋信息和数据系统）、人才及知识系统（人才选育用留系统＋知识进步及技术创新系统）、文化管理系统、组织进化及领导力系统（组织进化更新系统＋组织管理实施系统）。这些系统的功能的实现才能让企业形成独特的、不易被复制的竞争力。

这个阶段的企业，需要一批得力的构建者式的高管，帮助企业建立和迭代系统，推动积极可持续的迭代和变革。

构建者既要具备第二朝的操盘者在设立目标、分解关键任务等方面的能力，还有如下一些特点：

- 带领团队将过去一个个阶段性任务成败进行反思、总结，将有价值的经验进行沉淀，成为组织的智慧；
- 能够从构建功能的角度去梳理关联任务之间的互动关系，以点带面；
- 注重塑造员工的价值观、培养员工能力，构建典型工作场景，并和关键任务相匹配，迭代或建立组织系统；

- 注重通过方法论、思维框架等去影响团队的动作和行为，而不仅仅是干预具体动作；
- 在专业上是行家里手，但不以专家自居，既注重专业方法论，也注重工作方法论（比如：饱和攻击、变革管理、刻度+手感等）；
- 能够利用组织和员工对现状的不满，以及对美好未来的向往，选择合适的时机发起变革；
- 注重建立威信，在变革过程中成为压舱石或定海神针；
- 能够将变革的成果固化到组织流程机制系统中，从而可持续；
- ……

其实，一个高管能够在任意两个阶段都胜任相应角色，做出重大贡献，成为两朝元老已经是公司和个人双方非常大的幸运了。如果能够做三朝元老，基本可以彪炳公司历史了。

要做三朝元老或者两朝元老，对人的学习能力要求很高。以下几个方面供参考借鉴。

1. 自我对话，消除自满情绪

在上一朝做出了重大贡献的高管，是否能够在自豪之余，平静地自我对话，并保持清醒的自我认知，避免过度自豪而自满？是否已经无法去想象更大的胜利？是否有了一定的金钱自由就迷失了人生目标？是否对自己过高评价？是否"把机遇当能力"，即把行业的发展、资产价格的浮涨、组织的光环当成自己能力的结果？

如果怀着这种自满的情绪，在遇到新阶段的挑战和人员变动的时候，是非常容易产生对抗性的负面能量的，对组织的伤害非常大，到最后也会伤了自己，为自己和组织不愉快的分手埋下伏笔。

2. 善于树立新的有挑战性的个人发展目标

一谈个人发展目标，往往容易陷入两种思维惯性：一个是只把职级晋升当作发展；另一个是只把职位晋升当作发展，甚至只把当总经理作为唯一的发展路径。而事实上，在公司改朝换代的过程中，比职级和职位晋升更底层更核心的是新的能力构建。

如果不能认知到操作者、操盘者、构建者之间的能力差异，高管设定合理的个人发展目标就无从谈起。

第一朝的3F型高管未必天生就具备后两朝高管需要具备的能力。但是有些学习能力、系统思考能力强的，明确了成长的方向和目标后，敢于让自己打碎重来，还是能够跟上公司的发展。

3. 让渡专业领导权，通过行政领导权和新高管形成战略同盟

有些公司也许会外聘高管，或者引入一些外部专业机构（比如战略咨询、人力资源咨询、流程咨询等），希望将外部专业能力转化为组织的战略性竞争能力。

这时候，可能有个别的前朝高管心理极不平衡，埋怨一号位喜新厌旧，抱怨外来的和尚好念经，窃取了前朝辛苦耕耘的劳动成果，后悔自己种树，他人乘凉。这种负面情绪不断积累，前朝高管甚至会成为公司发展的障碍，最后可能通过股权变现的方式和公司分道扬镳。

大智慧、大格局的前朝高管，乐于与新来者形成战略同盟。他们懂得将专业领导权让渡给新来者，自己则通过在前朝积攒的威信，为新来者推动的变革保驾护航，帮助新来者更快地将个人经验及能力转化为组织的战略性竞争力。在此过程中，前朝高管也暗自偷师学艺，最终武装了自己，实现自己在新阶段的自我超越。

4. 让一步，海阔天空，在第二、第三曲线去发光发热

前朝高管还有一个不错的选择，就是去承担相关多元化业务的探索任务，这样的话就只需要复用之前具备的技能包，而不需要构建新的能力去满足第一曲线更高层的竞争的需要。

如果能够在相关多元化业务探索取得成功，则公司就有可能有了第二、第三曲线的业务，为公司进入第四朝开辟了道路。

3F 型创业高管实现从操作者到操盘者再到构建者转变，不仅仅是高管自己的事情，一号位在其中也会起到很重要的作用。

- 一号位的人才审美是否随着公司的发展而及时迭代？
- 一号位能否从公司发展的角度去肯定前朝高管的价值贡献，同时又擅于对其提出新的发展要求？
- 一号位如何引导前朝高管要有大局观，和接任者和平交接？
- 一号位是否在公司设定一些高管短期脱岗学习的机制？
- 一号位是否创造了足够的信任感和安全感，让前朝高管愿意下岗蹲苗，厚积薄发，等机会东山再起？

随着公司的发展，创业初期的 3F 型高管，要从操作者转变成操盘者，再发展为构建者。实现这样的自我超越，非常考验高管个人的学习能力、格局和胸怀。而在此过程中一号位可以起到积极的作用，帮助高管个人实现转型。

10

真高管团队模型的综合理解和应用

真才实学的"真"
真情真我的"真"
追求真理的"真"

以上章节的内容，我们先后谈了什么是真高管团队、真高管团队模型有哪七个要素、如何围绕七要素来打造真高管团队。

本章我们稍稍移动视线，通过企业组织工作中的一些具体场景，来举例说明真高管团队模型的综合应用，帮助大家加深对真高管团队模型的理解，作为对打造真高管团队内容的补充。

首先，我们将谈谈一个看起来有点儿武断但却深得很多一号位认可的观点，即"打造真高管团队是个百亿级的组织能力"。

其次，我们认为真高管团队就是一个微缩版的组织，且组织的魂魄就在于 2.5 个大才。那么，企业和组织的大才又如何吸引和培养？我们分别给出思考和建议。

再次，对于外聘高管如何更快更好地融入组织的问题，我们分别从组织如何提供帮助、外聘高管自身如何争取这两个角度来给出我们的意见。

最后，我们举几个真高管团队建设中常见的问题和解决之法。包括创始人与空降高管之间的关系进阶，如何处理高管团队之间小心翼翼的状态，高管团队无法有效讨论的原因有哪些，高管团队的绩效管理从哪里发力。

打造真高管团队是不容易的，甚至可以说，真高管团队是熬出来的。但是，理解并认可打造真高管团队的价值，才能熬得住，掌握打造真高管团队的规律和方法，才能熬得出。

　　希望通过对以上问题的思考和解释，能够在打造真高管团队方面带给大家一些思考和启发。

31

打造真高管团队，就是建立微缩版的组织

作者：房晟陶

打造真高管团队是个百亿级的组织能力。

你是不是要问我：你这是怎么算出来的啊？

我就是掐指算了一算而已。这个论断，完全是玄学，不是科学。

不过，玄学也有玄学的道理和用处。

玄学一个较高的境界就是"因为相信，所以看见"。

你要是能够相信"打造真高管团队"是个百亿级的组织能力，你就会看到那一百亿。反之，如果你不想相信，我再跟你讲道理也没用。（相关延伸内容可以扫描本章末的二维码，观看视频《企业发展到什么阶段，需要真高管团队？》）

酒逢知己饮，诗向会人吟。喋喋不休地讲道理就是高智商、低情商的表现，尤其是对一些不愿意去相信的人讲道理。

不过，我的情商也经常下线。所以还是忍不住举几个例子，讲点道理。

举个半真半假的例子,《三国演义》里面,从刘关张桃园三结义,到刘备+诸葛亮+五虎上将(关羽、张飞、赵云、马超、黄忠),这就是一个从"团伙"到"真高管团队"进化的经典例子。前者是一个草台班子,只能到处流窜,而后者却能够做到三分天下。

从这个例子看,你说一个真高管团队的价值是多少?

举一个实际的、现代的例子:如果比较同行业内同等营业规模的上市公司,看看他们的市值相差多少。差几百亿、上千亿元都是很常见的。这个差距反映了什么?高市值的公司更有组织,投资者会认为它更可持续发展,所以愿意以更低利率借钱给它,愿意用更高的价格购买它未来的盈利。

所以,组织,是非常值钱的东西。别光想着建立组织的难,多想想建立组织的价值!

咦,你刚才不是在说打造真高管团队吗?怎么突然转成建立组织了?

我要说,一个高管团队就是微缩版的组织。打造真高管团队,就是微缩版的建立组织。对处于快速发展中的公司来说尤其如此,打造真高管团队这个事就是建立组织的牛鼻子。对于小公司来说,这个事可以说就是生存的关键。

打造真高管团队确实非常难。比如说,一号位对于一个高管团队至关重要。可是一号位身上的很多东西都是非常难以改进和提高的。再比如,品行和认知能力。品行这事不好谈。原生家庭对个人品行有最重要的影响,但很多人本身也都是原生家庭教育的受害者。品行这件事,谈多了伤自尊。可是,很多一号位的根本问题就是认知能力的问题。公司小的时候还能处理得了，公司到了一定规模之后就无法处理"大"所带来的复杂性了。更要命的是，这两者都很难在成年之后有实质性提高。能实质性提高的都是人间奇人。"愚于近人，独服曾文正"，这是毛主席青年时期对于曾国藩的评价。但像曾国藩这样的人，世间能有几个？

不过，好消息是，影响一个高管团队功能的并不仅仅是这两个要素，尽管这两个要素至关重要且难以轻易改善。还有很多其他关键要素也非常影响高管团队的功能。即使一号位在品行和认知能力这两件事上有硬伤，我们也可以在其他要素上做些努力，说不定战术上的成功就可以引起一连串的积极变化。

毕竟，从外部视角看，我们的目的不是成为完美的一号位和完美的高管团队，只需要比竞争对手做得好一些就行了。别忘了，竞争对手的高管团队也各有自己难念的经。

比如，大部分的民营企业在发展初期，都多多少少会有些复杂关系。这些复杂关系，无论是夫妻关系、兄弟姐妹关系、老同学关系、七大姑八大爷八大姨关系，对整个公司的发展、对于真高管团队形成的影响都非常大。这个事情，就是可以通过人为的努力去改变和改善的。在其他要素不变的情况下，在复杂关系这个要素上做得好一些，高管团队的功能也会有很大改善。

再比如，真高管团队里面的真高管们，要既能发展业务，也能发展组织。只能发展业务，不能发展组织的高管就是伪高管。伪高管们一般都会有类似这样的抱怨："业务整天都在生死边缘徘徊了，你让我怎么有时间有心情去发展组织";"我原来就没有在真正的组织里面待过，你希望我无师自通吗"；等等。可是，发展组织这件事，通过培训、引导、管理，是可以有很大改观的。我们每个真高管都是从伪高管一步步学习突破而来的。在其他要素不变的情况下，改进这个要素也会有很大的收获。

还有，在快速发展阶段，肯定会涉及高管的外聘和融入问题。高管的外聘和融入也是个极其有挑战的事情，不同公司之间在这件事上的成效上差异很大。能引进适合企业发展阶段的真高管并融入进来，对于升级现有高管团队非常重要。甚至，一号位的品行和认知能力都会受到积极影响，因为周边一直有强大的正能量在长期频繁地督促和激励。真高管可以用生命去影响生命。

一号位传承的问题就更难了。一号位管理一个公司的时候，实际上是不大需要一个组织的，因为创始人可以凭借其无上的威望去管理组织。但是，一个职业一号位要想聚拢一个真高管团队那完全是另外一回事。即使是交给自己的儿女打理，那也是另外一回事。这件事情上，做得好和做得不到位那差距就更大了。

类似这样的影响高管团队功能的关键要素很多。在这方面努力过的人，应该都知道它的难度和复杂性。

不过，难归难，还是要强调：它的价值也很高。**如果你相信这是一个百亿级的组织能力，你去找到改进方法的意愿和可能性都会大得多。**

很多人容易把高管团队这件事完全推给一号位：只要高管团队有问题，那就是一号位的问题。换句话说，一号位就成了影响高管团队的唯一要素。

我认为，这个态度背后所体现的思维框架严重不足。在这种思维框架之下，很多人只盯着一号位的那些难以迅速改善的方面，于是就整天怨天尤人。

实际上，你可以找到的撬动点比你想象的要多。但是你对高管团队的思维框架限制了你的眼睛。如果你的思维框架是丰富的，你就更可能找到可以积极行动的方面。如果你实在找不到了，平静地离开反而是个更积极的选择。但是，只要在这个高管团队一天，就不应该放弃希望，死马当作活马医也是比怨天尤人更积极的态度。

这件事，不仅对于公司长期发展至关重要，对于公司的短期绩效也是个相当快的杠杆。更好的消息是，确实还是有些方法论、经验值得借鉴，让我们比原来的我们做得更好，比竞争对手做得更好。

最后一点，即使是对于品行和认知能力这么关键的问题，也不是一点方法都没有的（比如一号位教练等方式）。只是我们不应该期待一剂膏药就能快速解决问题。即使个人不改进，我们也可以用机制降低个人不足对于组织的影响。人类社会生活中的诸多问题不都是这么跌跌跄跄地走过来的吗？

知难而进，不放弃希望，我们就会离那百亿级的价值越来越近。当然，你还是要付出十亿级的成本，空手套白狼那是不太可能的。

32

组织的魂魄在于 2.5 个"大才"

作者：房晟陶

前面我们提到了，打造真高管团队就是建立微缩版的组织，接下来我们再来谈一谈组织发展的魂魄所在——"大才"。

有三部长篇历史电视连续剧：《大秦帝国之裂变》《大明王朝1566》《走向共和》。这三部剧都是50集上下，我们来看一看这三部剧能带给我们哪些思考。

三部剧讲述的故事前后跨越了2300年。第一个故事发生在先秦，是中央集权帝制的酝酿期，主要人物是秦孝公、商鞅，时间段为公元前361～公元前338年；第二个故事发生在明朝，是中央集权帝制之高峰，主要人物为海瑞、嘉靖皇帝、严嵩、胡宗宪、张居正、戚继光等，时间段为1560～1566年；第三个故事是在中央集权帝制被推翻的时候，主要人物是李鸿章、慈禧太后、孙中山、袁世凯、光绪帝等，时间段为1894～1914年。

基于这三部剧，结合过去这些年对于企业的观察及体会，我有三个关于组织的思考分享给大家，希望对致力于建立高效组织的企业领导者、研究组织的专业工作者有所启发。

第一个思考，关于组织发展的阶段及"大才"。

看了这几部剧，我进一步丰富和修订了我划分企业组织发展阶段的方法（如表10-1所示）。

表10-1　企业组织发展阶段

0～1	业务萌芽期
1～10	业务野蛮成长期
	业务战略及人才战略摸索期
	组织及文化萌芽期
10～100	整合战略成型期（业务、人才、组织、文化等） 业务有序扩张，成为王国
100～N	整合战略扩张期，成为帝国
N～N	整合战略徘徊期；组织及文化衰退期
N～0	业务、人才衰退期，组织及文化崩溃期
0～-N	业务、人才溃败期，新人才萌芽期
-N～1	新业务萌芽期，新人才生成期

这三部历史剧所讲述的故事可以对应三个不同的组织发展阶段。

《大秦帝国之裂变》讲的是从10～100（整合战略成型期）的故事。

《大明王朝1566》讲的是N～0（业务、人才衰退期，组织及文化崩溃期）的故事。

《走向共和》讲的是 0～-N（业务、人才溃败期，新人才萌芽期）到 -N～1（新业务萌芽期，新人才生成期）交叉转换的故事。

绝大部分的中国民企的核心挑战都在 10～100 这个阶段，也即《大秦帝国之裂变》这个剧所描述的阶段。大部分民企都难以跨越整合战略成型期。

什么是整合战略？就是不能只有很好的业务模式（或产品），而没有与之匹配的人才、组织及文化体系。

如何才能跨越整合战略成型期？关键就在于能否有 2—3 个"大才"。

这 2—3 个"大才"，就是这个企业的核心领导人，是企业的"庙堂"，是高层之中的高层，是核心之中的核心。有了这个核心，这个企业就可能做到上兵伐谋。没有这 2—3 个人，即使有很多将才，"庙堂谋败，焉得战场兵胜"？

将才，虽然能独当一面，能够领兵打仗，但做不了庙堂之谋。比如，举三国的例子，关羽、张飞就是将才。在刘备找到诸葛亮之前，他们哥仨只能到处流窜。在找到诸葛亮之后，算是有了 2 个"大才"，关羽和张飞作为联合创始人将才也能起到另外 0.5 的作用。

一大帮有一技之长的"小才"，即使数量众多，在这个阶段，如果没有 2—3 个"提纲挈领的大才"的引领和整合，也根本不成气候。

什么是"提纲挈领的大才"？其一，具备全局的系统思考能力，包括业务、人才、组织、文化、变革、技术、时间、空间等各方面综合在一起的系统思考能力。单独强调任何一个方面都是不够的。其二，"大才"必须具有领导变革的能力，实施整合战略的难点在于变革，尤其是涉及变法的变革。

在这个阶段，是应该有 2 个还是 3 个大才呢？是不是"大才"越多越好呢？

不是越多越好，因为人越多，底层逻辑协同的难度就越大。而且，"变法强臣，天下难遇"。这 2—3 个人，能走到一起，是可遇而不可求的事，是风云际会的事，是小概率事件。正常态是君暗臣弱、孤掌难鸣、志大才疏、德不配位、怀才不遇，等等。

在 10～100 这个阶段，如果能有 2 个配合默契的"大才"就已经能做得很优秀了。只有创始人 1 个"大才"，虽然决策很快，但太容易做出错误决定，总体效果一般只能到 70～80 分（以百分制来衡量的话）。有 2 个"大才"是效果和速度之间最好的平衡，配合得好的话，可以达到 85～90 分。如果有第 3 个"大才"，好处是理论上可能提高 2～3 分，但协同的成本很可能把增加的 2～3 分都抵消掉了。

所以，最好是有 2.5 个。2.5 个是什么意思？就是这第 3 个人虽有全局视野，但并不是顶层设计的主动参与者，而是在前两个人需要补充的时候被动参与。

首席组织官一直强调，从团伙到组织的关键是能否有五六个真高管，10～100 的这个阶段，就是从团伙到组织的关键阶段。对这个命题，我现在要进一步地丰富：在这五六个真高管中，得有 2.5 个"大才"，剩下的几个真高管可以是独当一面的将才。注意,创始人/一号位是包括在这2.5人中的。

《大秦帝国之裂变》这部电视剧里有这样一句台词:国力,根基在庶民,魂魄在庙堂。对于一个现代企业来说,道理是相似的,在10~100的这个发展阶段,公司的组织能力根基在基层员工,但魂魄在这2.5个"大才"身上。

在10~100这个阶段之前,公司的魂魄很可能就在创始人一个人身上。如果过了10~100阶段,到了100~N阶段的时候,可能会需要多于2.5个大才(比如3—5个)。不过,即使是在100~-N阶段,如果能有可以默契合作的2.5个"大才",也已经很幸运了。

所以,关键的挑战就在于谁能在10~100的初期甚至之前吸引到"大才"。

如何才能吸引到"大才"?

显然,企业的创始人至关重要。

公司还不大,甚至还没有度过生存期,靠什么吸引"大才"?志、明、才。尤其是"志"和"明"。用现代的话来说,"志"就是使命愿景价值观,"明"就是自知之明、辨才之明、知势之明。"才"创始人也必须有,尤其是系统思考能力,但要放在第三点。其他"大才"可以补充创始人在"才"方面的很多不足。但"志"与"明",如果创始人不够强,其他任何"大才"都难补。

说到"大才",有些人立刻就会想到"大材小用"这个成语。

真正的"大才",也一定要有智慧认识到,必须找到"大材小用"的机会才可以一展雄才。一个企业的上限，在 10～100 的阶段就已经大致决定了。过了 10～100 阶段，规模很大但组织问题很多时再补，不是不可能，但成功概率微乎其微。

比如，等到像大明王朝1566年的那个时候，你就是张居正、海瑞、戚继光那样的人才，又有何用？在巨大的官僚机器面前，任何个人的能力和品德都是螳臂当车，能当个昙花一现的中兴名臣就已经不错了。

更不要说等到 1895 年甲午海战那种溃败期的时候。一代名臣李鸿章又如何？"一代人只能做一代人的事"，只能签下一个个耻辱的条约。

在 10～100 的阶段，这 2.5 个"大才"更可能建立"万世之功"。

第二点思考，关于组织与代际领导人。

《大明王朝1566》里有一句台词很有意思：当家三年狗都嫌。一号位的工作，看起来风光，实际上不是那么心旷神怡，干长了很容易疲劳和倦怠。而且，即便辛苦大家也不满意，狗都嫌。这些要素加在一起，创始人／一号位在能力上很容易成为障碍，在心理上也很容易产生戾气。

如果当前的创始人／一号位干得还不错，就是任职时间有点长了，要不要换一换，找个新的一号位？换一个人，有很大可能不成功。第一任非创始人一号位的成活率更是极低。

一号位的鉴别、发展、任用，即使下再多功夫，再有机制，也不会每次都成功，因为这种"明君"本来就不多见。某一次可能选到优秀的，但经常是勉强及格，有的时候甚至不及格。

所以，不能把所有的希望都寄托在"明君"上。

如果在组织方面下了很多功夫，那么在决定要不要选下一任"君主"的时候就会从容得多。一来，好的组织会大大提高下一任"君主"的成功率。二来，即使下一任选错了，再下一任的时候还可以选回来。

"坚守法治，代有明君"，这就是商鞅给秦孝公的建议。如果建立了"法治"，遇到"明君"，公司就会大发展；遇到"昏君"，也不至于走向灾难。这就是"以法治成明君，以法治防昏君"。

这里商鞅所说的"法治"实际就是"组织"，包括了标准、流程、机制等。"明君"，对于企业来说，主要指的就是一号位。更全面、更准确地说，指的是以一号位为核心的 2.5 个"大才"。

"坚守法治，代有明君"，很多创始人/一号位悟不到这个道理。常犯的错误就是过度依赖"人"。

只注重"人"的创始人/一号位，其常用的手段是"吏治革新"。如果只盯着"吏治革新"，这种创始人/一号位本身也不是什么"大才"。因为"吏治"只是组织和公司的局部。只盯住"吏治"，在系统思考的层面上已经输了。

在《大明王朝 1566》的时期，以及《走向共和》的时期，"吏治革新"是各方都能想到的手段。但是，"吏治革新"不仅是效度有限的，而且是脆弱的。

当然，不注重"人才"和"吏治"，只注重流程、机制、标准这些"组织要素"，也是危险的。任何时候，吸引、选拔、发展、任用、淘汰人才都是重要的事情，不能松懈。人才的选育用留汰是个系统，其内在的动力就是不断走向混乱。因为越混乱，其熵值越高；熵值越高，系统就越稳定。

对抗人才选育用留汰系统的熵增，就是这 2.5 个"大才"要长期坚持干的事。

洋葱型和大葱型的高管如何共生共荣

作者：房晟陶

前面我们提到了组织中要有 2.5 个"大才"，剩下的几个真高管可以是独当一面的"将才"，真高管中不仅可以用"才"进行区分，我们还可以把高管分为两种类型：洋葱型的和大葱型的。这两种类型的高管都可能创造非常大的价值，都可以成为真高管。（相关延伸内容可以扫描本章末的二维码，观看视频《真高管有哪几类类型/风格？》）

洋葱型真高管指的是有企业家精神的职业经理人。

大葱型真高管指的是有职业经理人能力的事业合伙人。

洋葱型高管，一般专业能力较强，有比较高光的学历及职业履历（比如从大公司大厂来的），比较讲规则，善于沟通、协调和管理，看起来比较洋气，所以我称其为"洋葱型"。

大葱型高管，一般态度比较好，学历背景及职业履历经常一般（很可能在企业就是最高光的职业履历了），善于执行和打硬仗，看起来不那么洋气，所以我称其为"大葱型"。

美国很多大公司的一号位都是印度裔的（微软、谷歌、花旗银行、Adobe、百事可乐等）。这种非创始人一号位可以说是有企业家精神的职业经理人的最高代表了。

我原来在宝洁工作时，有几任老板都是印度裔的。我个人认为印度人作为职业经理人确实很厉害。英语能力强是个经常提到但比较浅层的原因；喜欢抱团是个有点酸溜溜的原因。我认为更深层次的原因是，他们在心理上很认同这种角色。也就是说，他们比较认同职业经理人这种社会角色，认为做个"高层管理者"是一种令人尊敬的成功。

于是，很多优秀的人就愿意走职业经理人这条道路。在这些人中，总会有一批是有企业家精神的职业经理人，而不仅是一般的、程序型的职业经理人。这样的人就是职业经理人中的佼佼者，容易走到很高的位置。

相对来说，中国人更爱当老板：宁为鸡头，不为凤尾。很多人一听到"职业经理人"这五个字就反感，看见西装革履的人就皱眉，被称为"千年老二"更会被当作是侮辱。

甚至，很多创业者/老板都会把专业和职业看作是企业家精神的反面。于是，中国也确实产生了一些大老板和优秀企业家。伴随这些大老板和优秀企业家，我们也产生了一大批有职业经理人能力的事业合伙人。很多著名大老板和优秀企业家身边都可以找到这种风格的二、三把手及其他高管。

这两种类型的高管究竟谁优谁劣？他们当然都有各自的优点和不足。

但是，**要想把事业做大做强做长，创始人必须学会与这两**

类高管建立深度的工作关系，并且协调好这两类高管之间的关系。如果只能让其中一类高管成活，企业发展就很容易后劲不足。

可是，想要让这两类高管共生共荣可不是一件容易的事。

大葱和洋葱之间经常互相看对方不顺眼，虽然它们都是百合科葱属。洋葱用来食用的部位是地下的肥大鳞茎，即葱头；大葱供食用部位为叶鞘和叶片，即葱白和葱叶。都是葱，但是很不一样。

大葱们一般觉得洋葱能装、能说、自私、不用心。

洋葱们一般觉得大葱狭隘、不职业、不专业。

洋葱经常是外来的、新加入的，有新鲜感。

大葱与创始人的时间一般比较长，有感情。

如何吸引、保留、调和这两类高管，是个普遍的挑战。对绝大部分"创业者／老板"来说，相对直接的挑战是如何吸引、引导好不断新加入的"洋葱型"高管。

要想吸引"洋葱型"高管，并让"洋葱型"和"大葱型"这两类高管共生共荣，关键在于创始人／老板能否把自己进化成有职业经理人气质的企业家。

不然的话，不管是"洋葱"还是"大葱"，都不能成为"真高管"。大家都受伤，企业也干不好。

从创业者／老板进化为有职业经理人气质的企业家需要跨越两个主要挑战：第一，是否符合使命愿景价值观；第二，是否尊重专业和职业。

创业者／老板做的是业务和生意，追求的是估值和规模。

而要成为一个企业家，只有估值和规模是不行的，是难以吸引高能级的人才的。企业家必须善于打造另外一个产品：组织。

要想打造组织这个产品，使命愿景价值观就是必需了。当然，在使命愿景价值观这三项中，创始人不需要每一项都非常强。能有一项很强（比如使命感很强，或价值观很强），其他两项逐渐成长就行了。很少有创始人能在使命愿景价值观三个方面都强。

只有使命愿景价值观还不够，创业者/老板还必须学会尊重专业和职业。尊重专业和职业说起来容易，但做起来很难。从成长路径及成功路径上来说，很多创业者及老板都不是专业和职业出身，专业和职业也不是企业初期成功的关键因素（比如对于资源型的、市场型/模式型的、资本型的、垄断型的企业），所以要真正尊重专业和职业不是件容易的事情。

"清华北大，不如胆子大"说的就是这个意思。

对于创业者/老板来说，专业和职业确实很难排在成功要素的前两名。不仅过去如此，未来也会如此。

但是，对于非创始人高管来说，要想成活和做出贡献，专业和职业就要重要得多了。

专业和职业与企业家精神绝对不是对立的。

看看医生这个职业就会明白这个道理。

没有"板凳坐得十年冷"的企业家精神，一个医生能做到真正的专业吗？可能连皮毛都摸不到。

而没有职业精神、没有医德，医术精湛又有什么用？害的人可能比救治的人还多。

要想做到真正的专业和职业，必须具备企业家精神。很多职业经理人空降到一个新公司不成功，经常在于他们不够专业和职业，但自己觉得自己很专业和职业。

真正的专业和职业与企业家精神是相通的，而不是对立的。需要专业的阶段，就要去讲专业。需要动手操作的时候，就要去动手操作。这些都是企业家精神，而不是只有敢冲敢打才是企业家精神。

从人才发展角度上来说，有企业家精神的职业经理人是相对可规划的，在一个大组织内是可以批量培养的。相对来说，合伙人类的人员经常有相当大的偶然性和不可复制性（比如，与创始人的长期合作经历）。

这就意味着，对于一个企业来说，在 10～100 的阶段，必须善于甄选有企业家精神潜质的职业经理人，并建立能让职业经理人转化为有企业家精神的职业经理人的组织环境和成长路径。

当然，这些有企业家精神的职业经理人也不会一直停留在有企业家精神的职业经理人的状态。他们中的一部分也会逐渐进化为有职业经理人能力的事业合伙人。在这个进化过程中，原来的一批与创始人在 0～1、1～10 阶段一起打拼起来的合伙人的作用至关重要。没有这批合伙人，只靠创始人一个人，不仅职业经理人难以转化为有企业家精神的职业经理人，有企业家精神的职业经理人进一步转化为有职业经理人能力的事业合伙人的可能性也会很低。

与此同时，与创始人在 0～1、1～10 阶段一起打拼起来的合伙人们，也应该在 10～100 的过程中，在有企业家精神的职业经理人的刺激、影响下，逐渐进化为有职业经理人能力的事业合伙人。

在这个过程中，没有企业家精神的一般职业经理人，以及没有职业经理人能力的合伙人，也都应该被淘换出核心领导团队。

于是，在 10～100 这个阶段，原本的创业者/老板、合伙人、职业经理人这三种人，就逐渐转化成了有职业经理人气质的企业家、有职业经理人能力的事业合伙人、有企业家精神的职业经理人这三种人。

不经过这样的神奇的化学反应，一个企业就难以实现从团伙到组织的进化。洋葱仍是洋葱，大葱仍是大葱，创业者/老板还是创业者/老板。短期内，市场机会好仍可能做大，但要做强做长就难了。

这个过程中，究竟是谁应该走出第一步？谁应该承担更大的责任？是创始人先进化，还是职业经理人先进化，还是合伙人先进化？创始人不进化肯定不能成功，但创始人如何进化，每个企业都有自己的机缘和路径，很难总结出必然规律。每颗洋葱以及每根大葱都有可能做出神奇的贡献。

34

"先让英雄救猫咪",是外聘高管融入的一个小智慧

作者:房晟陶

前面我们提到了洋葱型与大葱型的真高管如何共生共荣,接下来我们谈谈老高管与新高管之间如何相处,也就是如何让外聘高管快速融入高管团队。

"先让英雄救猫咪",这是一本关于电影编剧的书的名字,作者 Blake Snyder 把这句话列为"编剧物理学的八个不变法则"之首。

这句话的通俗浅显意思是:主角在登场的时候必须做点什么(比如救猫咪之类的),好让观众认识他是怎样的一个人,并因此喜欢他,然后就会希望他胜利。

想象这样一个场景:主人公在一个凄风冷雨的冬夜,费尽力气地将一只受困于下水道的小猫给救了出来,还帮它洗了澡,吹干,喂了猫粮,最后放它走。

经过这样一幕,我们的心就和这个主人公在一起了。

这个道理应用在高管融入这件重要的事情上也非常适合。

现有高管（包括一号位）必须先了解和喜欢上这个人，才会相信这个人身上的能力，才会愿意帮助其成功。

悟不到这个道理的公司及高管，就容易这样操作：外聘高管入职的第一天，召集公司中高管到最高级的会议室里开会。主持人（比如人力资源负责人）会隆重介绍外聘高管过去的光辉履历，来到我公司担任什么职务。然后外聘高管会比较客气地表达对本公司的尊重，以及期待与大家共同努力的愿望。最后是领导表达热烈的欢迎、殷切的希望，并要求现有中高管积极配合、支持新来的高管。大家不冷不热地鼓掌、亲切握手之后就各自回到自己的办公室去了。

然后，外聘高管就开始努力地去"立功"了。领导和其他高管也都在期待这个外聘高管尽快干出成绩。

然后，很多外聘高管经常就没有然后了。

"没有然后"的原因肯定是多方面的，而且每个个案也都不同。

不过，普遍地看，现有高管（包括一号位）与外聘高管建立人与人的关系是非常重要的，但是也是很容易被忽略的方面。

这种人与人的关系很难通过高光的履历、入职后的高职务、老板的鼎力支持来实现。甚至，做出一些业绩都不够。

很多时候，理性会告诉我们，这些履历、职务、老板的支持、业绩很重要。

可是，人这种奇怪的动物，在重要的事情上，很多时候都不是靠理性来决策的。

我们经常是靠"救猫咪"这类的小事来评价、了解人，与

他人产生心灵的连接。

举几个小例子。

比如,刚入职的新高管和老板准备一起吃顿饭增加对彼此的了解。一开始双方还文质彬彬,说着一些在脑子层面的话。10分钟之后,一看到火锅涮肉上来之后,双方都迅速就忘记了要干的正事,大快朵颐起来。等到酒足饭饱之后,增进相互理解这种大事基本就忘了。不过,双方都搞明白了一件事,对方都是跟自己一样是见了好吃的就不要命的货。双方反而更了解了。

再比如,一个新入职的高管,发现一个崴了脚拄着拐杖的基层员工跟自己坐一个航班,就非常自然地把自己公务舱的位置换给了这位员工。这件事正好被公司另外一个人看见了,传扬了出去。这种小事对人的打动远远要高于光鲜的履历、能力等因素。

又比如,外聘高管与员工一起去苍蝇馆子吃美味的韭菜馅饺子;一起出差时,前一句还在高谈阔论公司战略,下一秒钟已经打起呼噜;等等。这些衣食住行的日常场景非常容易形成"先让英雄救猫咪"效应。

即使是坏人,如果具备了一些可爱的,甚至只是让我们似曾相识或感同身受的特质,就会让人产生理解和喜爱,就像导演昆汀·塔伦蒂诺在《低俗小说》这部电影里对两个冷血杀手描绘的那样。"昆汀把他们塑造成好笑又有点天真的角色。他们讨论法国麦当劳各式汉堡的名字,很无厘头又有点孩子气,让我们一开始就喜欢上他们;即便他们就要去杀人,我们还是会站在他们那一边"。

可以说,在与他人建立人与人的关系这件事情上,可爱至少与聪明能干一样重要,尤其是在接受一个重要的新人融入群体这件事情上。

实际上,我们每个人曾经都很可爱,我们每个人在幼小的时候主要就是凭借可爱来混吃混喝的。只是,在长大的过程中,在长期的职业经历中,我们大部分人可爱的能力都被遏制了。我们认为聪明能干才是硬道理,所以我们加倍努力去发展我们的脑子和手脚。结果,我们会逐渐失去可爱的能力、"救猫咪"的能力。

从高管融入的角度倒推高管的招聘:在选择高管的时候,我们就要注意去看他身上有没有一些"可爱"的特质。如果只看其经验、能力,而不从"可爱"这个角度去看人的话,就容易走偏。

当然,这就意味着,公司的一号位、负责高管外聘的人、现有高管团队成员,得有一双能够欣赏"可爱"的眼睛。如果这些人认为"可爱"是非理性的,是不够稳重、量级不够的体现,我们就会排斥"可爱"。最后,我们就会把融入失败都归咎于能力、经验、期望、薪酬、招聘流程等技术性要素。

从公司的角度,要想让外聘高管更容易成活,也得注意给外聘高管创造"救猫咪"的机会,让外聘高管周边的人去和这个外聘高管建立人与人的关系。与人与人的关系相对照的就是大家都端着、装着的关系。

怎样才能可爱?其实也不难。你纯真了,就可爱了。一个懂得欣赏纯真和可爱的高管团队,会更可能成为真高管团队。

"上得厅堂，下得厨房"，是外聘高管成功的秘诀

作者：房晟陶

外聘高管想要融入和成功，不仅要有"救猫咪"的机会，还要有"上得厅堂，下得厨房"的本领。

"上得厅堂，下得厨房"这8个字还是比较传神地描述了民企对于外聘高管的要求。

你下不了厨房，现有的高管和老员工们不会接受你。

如果只能下得了厨房，无法上得了厅堂，那要你干什么呢？从我们现有的中高层选一个不就行了吗？成本还能低一些。

不过，这句话虽然比较传神，但这是一种玄学式的表达：一听就明白，但是却无法具体指导行动。这种说法，用来总结和点评问题还可以，但无法前置性地预防问题以及引领问题的解决。

我们能不能把这8个字翻译成比较专业和逻辑的语言呢？这么做，一方面可以让需要外聘高管的民企更清楚地表达对外聘高管的要求，另一方面也能让外聘高管的候选人们更容易理

解这些要求。如果能更好地描述和理解，则错配、相互伤害、不欢而散等现象就会少得多，于公司、于个人都是件好事情。

以下就从多个专业及逻辑的角度来解读"上得厅堂，下得厨房"的含义。

第一种解释就是：方法论上的系统性＋关键点上的穿透力。"上得厅堂"指的是在方法论层面要有系统性，"下得厨房"指的是在关键点上要有穿透力。

很多外聘高管折戟沉沙的关键原因都是在方法论层面缺乏真正的系统性和竞争力，仅仅停留在经验层面。你曾经做成过某个事，并不意味着你能够从中总结出可转移的方法论。因为，每一个具体的成功都有特殊性，都具有很强的不可复制性。实践和实践方法论中间有一个很大的鸿沟。在一个企业的成功操作，换到另外一个企业中，复制成功的概率微乎其微，很多时候都是失之毫厘，谬以千里。

举个例子，某个高管在原公司可以把BLM模型这种工具用得滚瓜烂熟，可当这位高管到了新公司准备使用的时候，会发现困难重重。实际上，此高管只有使用BLM这个模型的专业能力，但缺乏工作方法论。工作方法论要解决的问题是：一个公司从一开始不愿意用模型（觉得受束缚、复杂等），到能够接受一个像BLM这样的模型，其中的关键点是什么？关键点肯定不是运用BLM的专业能力，而是变革的艺术。如果没有这种工作方法论，是做不成事的。

解决了方法论的系统性还不够，高管们还需要在关键点上具有穿透力。继续以BLM模型为例，这位外聘高管如果不能在某个关键点上（比如对市场洞察这个环节的操作方法，或者对于人才这个环节的操作做法）手把手带领团队上一个台阶，大家也不会轻易信服。

第二种解释就是：领导+管理+专业+操作。民企外聘高管要什么都能干几手；而且缺什么就能扑上去干什么（至少要愿意扑上去）。"上得厅堂"更多是指领导+管理；"下得厨房"更多是指专业+操作。

领导、管理、专业、操作这四项加在一起等于什么呢？加在一起就是企业家精神或者说创业精神。民企外聘高管找的人在本质上就是创业者，而不是管理者，甚至都不是领导者。很多经验丰富的职业人，对于管理者与领导者的区别分析得头头是道，但是对于领导者与创业者的区别则严重缺乏敏锐度。

这第二种解释可以用"少将连长"这种形象来进一步阐述。民企外聘高管需要少将的能力和视野，但是经常要用上尉连长的身段去干活，尤其是在入职初期。当然，不会永远都这样。等到这位外聘少将高管培养起来一批中校、上校以后，他就可以更像少将了。如果这位外聘高管能够做到这一点，他应该已经被提升为中将、上将了。

第三种解释就是：既能发展业务，又能发展组织；既能以终为始，又能从问题出发。"上得厅堂"更多指以终为始及发展组织，"下得厨房"更多是从问题出发及发展业务。

民企需要外聘高管的一个高峰期是在从团伙到组织的阶段。上一批的创业者主要都在"下厨房"，没那么多机会锻炼"上厅堂"的能力。但公司发展到了一定规模，公司上下都会深刻认识到,那种逢山开路遇水搭桥的方式很有局限性,所以这时候才需要外聘一些见过大世面、能够以终为始的高管。

在这个阶段,对外聘高管的关键要求是动态平衡取舍的能力:什么时候更注重发展组织、以终为始;什么时候更注重发展业务,从问题出发;如何让两方面形成良性互动螺旋式上升,而不是相互推卸责任螺旋式下降。

换句话说,"上厅堂"和"下厨房"这两件事不是独立的,而是相互影响的。厨房下得好,菜做得好吃,对于厅堂上招呼周到的要求就会降低。同理,厅堂上招呼得周到,气氛怡人,那么饭菜做得难吃一点也可以被原谅一些了。这对动态平衡取舍能力的要求非常高。

第四种解释就是:主人翁精神。

这是很多公司的核心价值观里面都有的一条。

为什么一个人会愿意"上得厅堂、下得厨房"?这是因为她/他是主人,这是她/他的家。换个角色,我们会要求一个丫鬟上得厅堂吗?

只有一个把这个家当作自己的事情的人,才会有意愿既上得厅堂,又下得厨房。

所以,从根本上讲,"上得厅堂,下得厨房"需要的是一种主人翁精神。

让一个外聘高管一入职就有主人翁精神那是很难的。不过,确实有些外聘高管比另外一些外聘高管做得好得多。比如,有些人在加入一个公司之前,对新公司做了很多了解(包括使命愿景价值观这些虚的东西;实际的文化、战略等),不仅从事情的角度去选择新公司，而且还从和什么样的人一起工作的角度去选择，对自己的过去做了充分的告别，等等。做了这些准备工作的外聘高管往往会更快地体现出主人翁精神。从公司的角度看，这就意味着，在操作高管外聘的时候，一定要有个相互了解的过程。有的时候过程太快了（比如"闪婚"），容易欲速则不达。

再有，很多公司在外聘高管的时候，也是权宜之计，也没想对别人负责（比如，就是想短期解决一些问题）。还有，公司内的机制（比如激励机制、决策机制）很多时候可能是遏制外聘高管们的主人翁精神的。在类似这样的情况下，要求外聘高管"上得厅堂，下得厨房"就有点一厢情愿和不甚合理了。

以上就是从四个专业及逻辑的角度解读了什么是"上得厅堂，下得厨房"。希望对于想外聘高管的公司以及外聘高管的候选人有所帮助。大家肯定还可以从其他角度来解读。我们只是抛砖引玉、激发思考。

36

创始人和空降高管的关系进阶

作者：左谦

前面我们讨论了外聘高管融入和成功的问题，本文中我们再从一号位/创始人的视角来探讨一下创始人和空降高管的关系是如何进阶的。

下面，我们借用一个故事（如有雷同，实属巧合）来启发大家思考一下这个问题。

今天是我们公司的重大日子：我们敲钟上市了！

庆功宴上，高管团队举杯相庆，相拥而泣。

一切都很不容易，2021年的疫情让我们承受了很多压力，我们一度离破产只有七天的距离。

觥筹交错，酒过三巡，作为公司的创始人/董事长/一号位，我（老T）宣布了一个重要的决定：在未来一年里，我会和CFO老钱逐步交接，他将接任一号位，我将成为全职董事长。

这个决定并不会让大家感到意外。

早在三年前，我就和高管团队谈过未来迟早会有这样一天，只是不确定这个接任的一号位是谁。而且，在过去这两年我们上市的过程中，老钱的贡献以及领导力也足以服众。

有高管提议让老钱说两句。

老钱端着红酒杯，抿了一小口，又开始了他的不正经："五年前我刚加入的时候，老T你叫我钱先生；在这干了两年后，你叫我钱总；最近这一年，你开始叫我老钱……"

老钱话没往下讲，其他几位高管已经笑喷。这感觉就像："以前一起看月亮，叫人家小甜甜，现在新人胜旧人了，叫人家牛夫人……"

我自己并没有意识到过去这些年，我对钱的称呼从"钱先生"变成了"钱总"再变成了"老钱"。这一切的演变都是无意识发生的。然而，这无意识的背后，也体现了我和老钱三阶关系。

五年前，我们对公司财务只是账房先生的定位，能算清楚账目、弄好报销、管好付款就谢天谢地了。

考虑到公司发展的需要，我决定外聘财务高管。通过高端猎头，我见了不少候选人，最后相中了老钱，并吸引他空降成为我们的CFO。

老钱是财经院校研究生毕业，毕业后在四大会计师事务所工作了七年，以火箭般的速度晋升；后来又去了一家成长中的民营企业干了五年，从财务总监做到财务副总经理。因为该公司实际的CFO是老板娘，他没有进一步上升空间，就开始在外面看机会，正好被我们相中。

在选择老钱的时候，我也曾经小有犹豫。他给我的初始印象就是爱钱且"端装"。和我谈薪酬的时候，他对自己当时税前税后薪酬贼清楚，对自己期望的薪酬涨幅也不含糊。穿得西装笔挺的，言谈举止很职业，有"端着装X"之嫌。

后来猎头"教育"了我：不"爱钱"的CFO不是好CFO，不"爱钱"的CFO也没有动力帮公司谋财；受过严格财务管理训练的，哪个不是显得严谨职业？如果想从外面引入有竞争力的财务高管，我自己作为创始人肯定要做些自我调适，而不能只是期待外部人才为我改变。

当然，老钱还有几点在当时就打动了我。

我在介绍公司财务状况的时候，他提出的那几个问题都切中要害，且很有层次感，让我感到他确实有洞察力。

他在谈问题的时候，不绕弯子，简单直接，但又不咄咄逼人。

他最后谈及了我们公司文化描述中的一句话"依靠人也依靠制度来接近卓越"，他说他在做审计的时候，执迷于依靠制度来实现目的，到了民营企业后，才对"依靠人也依靠制度来接近卓越"深有感触。

坦白讲，我请老钱这样一个高级职业经理人加入，最开始跟他的工作关系就像甲方乙方一样。我那时候对财务也不太懂，需要一个专业人士的专业经验。我需要付出成本去购买他的专业经验。这可能是我最开始两年尊称他为"钱先生"的原因。

"钱先生"入职后，利用两年的时间，开展了卓有成效的工作：推进以半年为周期的预算机制，落实月度财务经营分析会，引入了平衡计分卡作为战略绩效评价方式，前瞻性地改善了我们的负债结构……这些都为我们后来上市打下了很好的基础。

另外有一点也很让我满意。"钱先生"没有在财务部闭门自嗨，而是通过大量的沟通和培训将财务视角、预算思维、看报表的习惯变成了我们中高层的普遍意识和能力。经过这个阶段，作为一号位的我也逐步找到了把控感，也更能够用CFO引入的语言体系与财务人员对话，与外部投资人对话。

这个阶段，我和老钱的关系由之前的"甲乙方"关系逐渐变成了"上下级及同事"的关系，这可能是我开始称呼他"钱总"的原因。

我也不记得什么时候开始称呼"钱先生"为"老钱"了。

可能是去年有一次他因为公司资金安全的问题和我拍案而起？

可能是疫情防控期间，他主动带头降薪酬，但坚持要确保一线员工按时发薪？

可能是我和他谈关于一号位继任安排的时候？

现在回想起来，我的心理悄然发生了变化，我和老钱已经不仅仅是上下级及同事关系，更是患难与共的事业合伙人关系。

他依然"爱钱"，但是为"公司谋钱"在前，自己生财在后，且取之有道。

他不再"端装"，越来越放松，不再"客居"我司，谈笑举止越来越"不正经"。

……

一位高管的咬文嚼字把我从回忆中拉了回来:"**你们最开始是利益共同体,后来逐渐变成了事业共同体,现在是命运共同体啊**。为命运共同体干杯!"

在一轮觥筹交错中,我已经认定公司的未来必须有他老钱。

高管团队如何打破和改变小心翼翼的状态

作者：蔡地

前面提到的自我进化是立足于复杂的组织环境，而小心翼翼的状态只会阻碍进化的过程。接下来，我们讲讲高管团队如何打破和改变小心翼翼的状态。

在首席组织官一次例会上，有位同事提到有些高管团队在开会时会呈现一种小心翼翼的状态。

"小心翼翼"这个词一出，很快引起了大家的共鸣，都觉得很有画面感，纷纷表示他们服务或接触过的高管团队或多或少地存在这种情况。

会上讨论得热烈但短暂，但我还有很多困惑没有得到回答：

- 小心翼翼到底是一种什么样的状态？
- 小心翼翼这种状态有什么坏处？
- 导致小心翼翼这种状态的原因有哪些？
- 高管团队如何改变小心翼翼的状态？

带着这些疑问，我组织了访谈，并系统梳理了对真高管团队的思考。以下内容是基于我在访谈后对真高管团队的总结和思考，希望对大家有所启发。

1. 小心翼翼到底是一种什么样的状态

之所以提出小心翼翼这个词是因为观察到一些高管团队在开会或交流时存在以下现象：

- 每说一句话都会用眼神 Check 对方的反应，既怕说错了被负面评价，也怕说错了伤害对方。
- 说话经常欲言又止，担心说了白说或者说了伤感情，"哎，不说了"成为口头禅。

除了上面提到的两点，基于对一些高管团队的实际观察，小心翼翼的高管团队还存在以下现象：

- 表面上一团和气，但难以表达独立意见。
- 一号位一发言大家就噤若寒蝉。
- 旧事难翻篇，一朝被蛇咬，十年怕井绳，刻意回避敏感但重要的问题。
- 说话打太极、绕弯子，不敢指出别人的问题，也不敢承认自己的问题。

2. 小心翼翼这种状态有什么坏处

根据我们的观察和判断，小心翼翼这种状态起码有四大坏处：

- 影响团队的沟通和决策效率，严重时会直接影响公司的发展。对于重要的事情，开了几天的会也无法达成真正的共识，更难以做出高质量的决策。
- 影响高管团队的关系质量，严重降低高管个人的生活质量。有时候这种做法看似在维护关系、怕伤害感情，却平添了许多猜忌和纠结，破坏了信任，增加了情绪内耗。长此以往，工作上的烦心事就会不断地侵蚀高管个人的生活质量。
- 这种状态持续一段时间，就会让高管团队得上"沉默病"。长时间的集体沉默会严重扼杀高管团队的活力和创造力，降低集体智商。
- 这种状态会让高管团队关注内部和谐远大于外部胜利，维持内部和谐成了最高的政治正确和集体"执迷"，从而扼杀了整个公司的外部竞争性和适应性。

3. 导致小心翼翼这种状态的原因有哪些

在访谈和观察的案例中，之所以出现这种状态，主要是因为：

- 团队里存在复杂关系：大家彼此之间除了工作关系，还存在着很深的感情（亲情/友情）。公司起步的时候，这两种关系的张力还没暴露。但随着管理复杂性增加或遇到困难时，这种两种关系之间的张力就会成为问题。大家普遍都怕失去友谊和信任,因为害怕,所以小心翼翼。
- 高管团队成员的进化速度不同步,但彼此间的相处模式没有进化。有的是一号位进化快,大家跟不上,但是又不得不吃力地跟,出现了有人想放手但又不好意思的局面;有的是一号位进化慢,其他人已经超车,出现了不明争但暗斗的局面。
- 一号位控制欲和攻击性太强,成了"霸王花"。"霸王花"式的一号位,喜欢控制、命令,缺乏人文关怀,不喜欢也不善于共创和讨论,容易摧毁下属自信,也无法培养下属能力,从而导致大家既没有发言的勇气,也缺乏发言的意愿和能力。
- 公司缺乏真正的使命愿景价值观,只是利益共同体,还没有形成事业共同体,但又羞于承认;因为害羞,所以逃避。
- 大家普遍缺乏深度沟通和讨论的技巧,一旦深入讨论问题就很容易变成证明"我对你错"的文字游戏,从而导致冲突。因为惧怕或反感冲突,所以干脆不讨论。

4. 高管团队如何改变小心翼翼的状态
这里有八点建议,供大家参考:

- 一号位努力提高个人的人际洞察力和人际关系处理能力。如果做不到,主动找他人代偿;其他人也不要期待一号位全能,可以主动站出来代偿。

- 引入外部力量，比如陪练。其实很多时候，大家都知道问题在哪里，拖也不是办法，但就是不愿意面对，就等一个声音戳破这一点。有时候陪练的价值就在于"Name it"或者"Call it out"（就是"戳破那层窗户纸"）。当陪练指出来，大家点头说"是"的时候，其实问题就已经开始解决了。
- 刻意强调外部适应性和竞争性的重要性，以战胜对内部和谐的执迷。多分析外部环境、客户需求和竞争对手，多基于外部视角谈谈高管团队应该干什么。
- 升级高管团队对场域的集体认知，有意识地培养园丁这个角色以维护生成性的场域，并定期对团队的场域进行评估和反思。
- 强调高管团队成员之间要发展高质量的工作关系，多强调彼此之间事业共同体的关系，不过度发展情感关系，以实现真正的"志同"；尽早让公司拥有真正的使命愿景价值观，以超越一己之私，实现真正的"道和"。
- 刻意培养和提高高管团队的讨论和对话能力，鼓励高管掌握深度汇谈等方法和工具。
- 在机制层面，建立高管之间定期互相反馈的机制，鼓励批评和自我批评（一号位要带头）。
- 针对高管个人，鼓励大家构建更加开放的底层系统，树立成长思维。

高管团队无法有效讨论的六大原因

作者：房晟陶

一个高管团队能否进行有效讨论是一件既影响高管生活质量，又事关公司发展的大事。

高管团队无法有效讨论，一般都有什么原因？

第一，先找点客观原因，如果公司所提供的产品及服务比较有专业技术含量，高管之间有专业/能力壁垒是很正常的。当公司发展没有那么快的时候，这种专业/能力壁垒可以通过在基层、中层、准高层、高管层的轮岗大大减少。但是，轮岗这事对于处于快速发展的公司来说肯定是个奢侈品。在火箭式提拔的过程中，管销售的副总裁怎么可能对于研发、技术有深入的理解？管研发、技术的副总裁，怎么可能有时间用喜闻乐见的方式让其他高管了解研发、技术的工作？这种专业/能力壁垒是个很硬的问题，很难通过"换位思考/同理心""共同使命及愿景""团队氛围"等来根本解决。

除了专业/能力壁垒之外，对于有多个事业部的公司（有多个事业部，并从事相关或者不怎么相关的业务）来说，还会有行业/事业壁垒。即使是相关行业/事业，要实现相互真正地了解也很有挑战。这第一个原因，可以总结为"高管的个人能力及成熟度"。简单来说，就是高管们是真高管还是伪高管。

第二，当前高管团队对于"讨论"这件事情已经形成的价值取向。 这个原因也有部分属于客观的：这种价值取向的形成经常来自公司创业阶段取得成功的路径。比如说，很多创业期的成功都来自少说多干（乱拳打死老师傅的战略风格）；着重于执行力（把自己分内的那场仗打好）；重奖在一点上能打穿，但不一定有全局能力的人、不争论（减少在讨论这种事情上的耗时耗能），等等。这些方式对于创业期是很重要的，也经常很有效。但是，在公司发展的新阶段，高管团队也变大了（比如变成了8—12个人），原来的那些价值取向就会成为有效讨论的障碍。这种价值取向会有很大的惯性，"讨论"这种基因要想成活是难以一蹴而就的（有的公司是通过高管团队惨烈地更新换代才实现的）。

第三，一号位的讨论能力以及与他人建立深度工作关系的能力。 高管团队对"讨论"的价值取向的形成还有另外一个关键要素：公司一号位在"讨论"方面的能力。如果一号位本身对"讨论"很重视，其个人也有讨论的能力，则等到公司的发展阶段需要"讨论"的时候，在高管团队中引进"讨论"的基因就会容易得多。但是，如果一号位对这个事情的价值没有充分认识，自己在讨论方面也没有什么能力的话，那么这个高管团队引入"讨论"的基因就会很难。

有人会问，讨论还需要能力？讨论这件事真的不简单。它不仅需要能力，甚至还得有点天赋。比如，讨论和冲突这两件事一般难以分开，没有冲突的讨论就不是真正讨论，那是信息沟通。你觉得"处理冲突"这件事需要点能力和天赋吗？再有，聊天和讨论也是兄弟，我很难想象一个排斥聊天的人，会比较善于讨论。你觉得所有人都会聊天吗？很多人都不会聊天，很多直男甚至都会把聊天当作女性化的体现。还有，就沟通表达而言，大部分高管都有基本能力，但是他们会深度汇谈（dialogue）吗？再引申一步，"讨论"这个事情，在一号位以及高管团队层面，绝对不仅仅是沟通和讨论的问题，而是一个能否建立深度工作关系能力的问题（如图10-1）。

图 10-1 建立深度工作关系

当然，在讨论能力及建立深度工作关系能力之外，一号位的其他能力也很重要。对所从事的行业的了解，战略能力，对部分业务环节的专业了解，处理冲突的能力，等等。一号位如果在这些方面能力比较强，那也更容易促成高管之间的有效讨论。

可以说，一号位，尤其是其讨论能力以及与他人建立深度工作关系的能力，是决定高管团队能否有效讨论的第三个关键原因。

第四，高管角色的定位以及对理想高管团队的想象。比如，这里面很重要的一个因素是，在战略、组织的顶层设计这种事情上，一号位认为高管有权参与吗？

很多一直在大公司工作的人会理所当然地认为高管当然要参与战略及组织方面的讨论。实际上，很多小公司的高管都是跟随—操作型的。在公司比较小的阶段，这种跟随—操作型高管是比战略—组织型高管更高效、更受广大基层员工喜爱、更受老板待见的。从跟随—操作型转化为战略—组织型还是需要一个艰难的过程。要实现这个转变，既要有高管个人的蜕变，也要有一号位的蜕变，同时还得看公司业务的发展能不能提供这样的蜕变机会。

对于高管的角色定位及理想高管团队的想象，不同的一号位是非常不一样的。有些一号位，把高管首先定位为一个执行角色。甚至，有些一号位会认为，若有高管在战略、组织的顶层设计这种事情上说话太多，那就是越位。对于理想高管团队的想象，有些一号位的想象是其乐融融的家庭，有的想象是刘关张那样的好兄弟，有的想象是明星团队，有的想象是董事会，等等。这些不同的想象源于一号位的原生家庭背景、人生经历、早期职业经历等。

不仅是一号位，不同高管对于高管的角色定位及理想高管团队的想象也是不一样的。关羽和张飞这种义气型高管，对于诸葛亮这种事业型高管，是需要一段时间去理解和接受的。这些高管在这方面的想象与一号位的想象是同等重要的，因为一号位就一个人，高管在数量上占绝对多数。

第五，缺乏共同语言和思维框架。比如，战略及组织这种事情，往往最需要有效的讨论，尤其是在行业环境比较 VUCA 的情况下。运营及财务类的事情，相对更硬、更能客观衡量。但是对战略、组织这种事情，每个高管都有自己的思维框架，而且都是无意识的。如果不引入相对明确的思维框架（比如 BLM 模型），要想让一帮战功赫赫、自信满满的高管进行有效的战略及组织讨论，那基本是痴心妄想。

当高管团队难以就战略和组织问题进行有效讨论时，在战略和组织方面的问题和责任会甩给谁？当然是要甩给一号位。于是，一号位的岗位逐渐也会变成一个只有神才能做好的岗位。他要去解决所有的意见冲突，预测所有的未来，抚慰所有受伤的心灵。如果这个一号位目前是由创始人亲自担当的，在短时间内，创始人凭借自己绝对的权威还可以抵挡一阵，但代价经常就是被高管们培养成自己都不想当的独裁式一号位，在组织上逐渐积重难返，这个一号位的岗位也很难找到接班人。

第六，团队基本面的问题，包括团队成员的价值观、沟通、流程／机制、角色分工、人际关系等。任何一个团队，不管是基层团队、中层团队还是高管团队，只要想成为一个真正的团队，都需要这些基本的团队协作要素。这几个方面综合起来可以叫作场域。这里注意，第四个原因中所提到的一号位以及高管团队成员对高管的角色定位及对理想高管团队的想象是场域的深层基础，但高管团队场域形成的直接原因是这些具体的要素，如流程/机制。

很多高管团队都在这些基本面有很多硬伤。举个例子，有没有开会的流程/机制？公司级的会议里有没有分成战略会议、运营及财务会议、组织及人力资源会议等几个类型？不同的会议有没有SOP/标准操作流程？再举例，在外聘高管的时候，有没有考虑价值观的匹配，还是只考虑了岗位对经验和能力的要求？**能力只能保证在脑力和语言方面的表层讨论，若在使命愿景价值观层面的契合度不高的话，那种貌合神离的讨论很快就会让人疲惫和厌倦。**

以上简单总结了高管团队无法有效讨论六个方面的原因。肯定还有其他关键原因，比如高管团队是否拥有共同使命愿景等。我们总结的这六个方面只是抛砖引玉，希望对大家有所启发。

高管团队绩效管理的三个重要发力点

作者：左谦

前面我们提到了高管团队常见的两个难点，包括如何打破和改变小心翼翼的状态以及避免高管团队的无效讨论，本文我们关注高管团队的另一个大难题——绩效管理。

绩效管理的首要目的是帮助公司在外部竞争中去"赢"。

绝大部分公司对中基层的绩效管理，其核心目的都是管理：把事情做对。

很多公司把对中基层的绩效管理理念、方法直接平移到对高层的绩效管理上，会使得公司在绩效管理的出发点上出现严重偏差。结果，整个公司的绩效管理从源头上就陷入了平庸。

对高层的绩效管理，必须在以下三个方面发狠力：外部竞争、组织贡献、变革创新。

1. 立足外部竞争统领绩效目标设定

平庸的绩效管理，只是死死地盯着实际结果和既定目标进行比较（业绩差距分析），而忽略了和可能实现的结果之间的比

较（机会差距分析）。（相关延伸内容可以扫描本章末的二维码，观看视频《高管绩效不能沦为数字游戏和博弈》）

平庸的绩效管理方式下，会把主要焦点放在内部的数字游戏上。将绩效评价者和目标设定者进行博弈，围绕指标设定进行拉锯谈判。以至于很多经理人最大的愉悦就是"走出预算和目标设定会的时候藏了15%的资源老板却没有发现"。

殊不知，外部环境在不断地发生变化，竞争对手也在不断调整队形奋力前行。

超越平庸的绩效管理，在内部设定的预算业绩指标之外，还要敢于和善于向外看，立足提高外部竞争性统领目标的设定和评价：

- 选择发展阶段相似的 8～12 个竞争对手作为参照系；
- 选择外部可比指标进行目标设定，如：市场规模占比、每股收益增长率、客户满意度、相对规模增速等；
- 周期性地（半年或一年）以外部性的指标和竞争对手作为对比，看看相对排名的变化；
- ……

我们不难发现：

- 完成了业绩指标，且跑赢了大势，才是真金白银的好绩效；
- 完成了业绩指标，但是跑输了大势，只是孤芳自赏；

- 没完成业绩指标，但是跑赢了大势，也是难能可贵；
- 没完成业绩指标，还跑输了大势，真的是要好好检讨。

2. 将组织贡献纳入绩效评价

平庸的绩效管理，只是死死地盯着业务目标的达成，却忽略了组织能力 & 文化的塑造。

大部分业务目标相对而言偏中短期，要解决的是短期活命和中期续命问题。

组织能力 & 文化一般偏中长期，要解决的是持续续命和长期使命问题。

组织能力 & 文化为后期的战略迭代升级提供了更大的可能性。殊不知，没有组织能力 & 文化支撑的业务目标都是空中楼阁。

只顾业务结果，不管人员、组织、文化，就容易把绩效管理变成纯军事主义。在这种方式下，也许赢了当下，但可能输了未来。

任何组织能力 & 文化，都需要相对中长期有意识地培育和塑造，从而也容易给人远水解不了近渴的感觉。

因此，组织能力 & 文化方面的工作，容易变得集体无责任，最终集体无意识。

超越平庸的绩效管理，在设定业务目标之外，还会将组织贡献体现于目标设定和评价，包括：

- 人才培养和梯队搭建；

- 固化、优化、简化关键业务流程 & 机制；
- 沉淀经验，贡献知识；
- 引入管理工具、模型、共同语言，提升组织的有效性。

任正非 2018 年在华为干部管理研讨会上提出，所有工作都要对准多产粮食和增加土地肥力。

华为的绩效管理工具 PBC（个人绩效承诺）中也结构性地嵌入了组织贡献相关的维度。

3. 向变革创新倾斜

在变幻莫测、充分竞争的市场环境下，企业业务发展可能会频繁在不同的阶段中切换，包括：

- 起步突破阶段；
- 快速成长阶段；
- 维护改进阶段；
- 升级迭代阶段；
- 问题扭转阶段。

组织要能在不同的阶段中高效切换并不断进化和成长，就需要有人去未雨绸缪地做变革创新类的工作。

组织需要有人在 A 阶段就想着如何解决 B 阶段可能出现的问题和面临的风险，抓住 B 阶段蕴含的机会。

不同的阶段所面临的工作挑战，需要投入的资源、心力、精力非常不同。

维护改进阶段是投入产出比最高的阶段，问题扭转阶段甚至九死一生。

平庸的绩效管理方式，在维护改进阶段还可以藏拙，在快速成长阶段还能勉强支撑，但是很难适用于起步突破/升级迭代/问题扭转阶段。

平庸的绩效管理方式，会让肯吃苦、努力的人吃亏。聪明人都选投入产出比高的阶段去建功立业，只有"傻子"才苦哈哈去做"问题扭转阶段"的接盘侠。

长此以往，比业绩不达成更可怕的是消耗了人心，打压了自驱自发，扼杀了创业精神。

超越平庸的绩效管理，就要考虑变革创新的难度，对绩效等级进行适当的修正（如表10-2所示）：

表10-2 绩效类别和绩效等级

	问题扭转类
绩效A	·将一个大而烂的组织/体系扭转为大而良好（A++） ·将一个中而烂的组织/体系扭转为中而良好（A+） ·遏制一个大而烂的组织/体系的迅速下滑
绩效B+	·将一个小而烂的组织/体系成功扭转 ·遏制一个中而烂的组织/体系的明显下滑
绩效B	·遏制一个小而烂的组织/体系的明显下滑

	起步及突破类
绩效A	·从无到有建立一个中大且优秀的组织/体系（A+） ·从无到有建立一个中小而优秀的组织/体系 ·从无到有建立一个大而良好的组织/体系

续表

起步及突破类	
绩效 B+	·从无到有建立了一个中小而良好的组织/体系 ·从无到有建立了一个大而一般的组织/体系
绩效 B	·从无到有建立了一个小而一般的组织/体系

快速成长类	
绩效 A	·把一个小而优秀的组织/体系迅速发展为大而优秀的组织/体系,且有体系升级换代(A+) ·把一个小而良好的组织/体系迅速发展成一个中而优秀的组织/体系,且有体系升级换代
绩效 B+	·把小而优秀迅速发展成大而优秀,但无体系升级换代 ·将小而优秀迅速发展为中而优秀,且有体系升级换代 ·将小而一般迅速发展为超大而一般
绩效 B	·将中而优秀迅速发展为大而优秀,或将小而优秀迅速发展为中而优秀,但无体系升级换代 ·将小而一般迅速发展为大而一般

维护改进类	
绩效 A	·维护一个大而优秀的组织/体系,并有明显的突破创新
绩效 B+	·维护一个大而优秀的组织/体系,没有下滑 ·维护一个中而优秀的组织/体系,且有明显突破创新
绩效 B	·维护一个中而优秀的组织/体系,但无突破创新 ·维护一个大而一般的组织/体系,略有改进

总结一下:想超越平庸的绩效管理,帮助公司在外部竞争中去"赢",要对不同人群有差异化的重点:

- 对基层人员,可以只看初级业务贡献(结果、过程、行为……);

- 对中层人员,不仅要看高级业务贡献(结果、预控、资源协调、协作),还要看组织贡献;
- 对高层人员,除了组织贡献,更多要看外部竞争性贡献、变革创新贡献;
- 如果对高层的绩效管理使用了适合中基层的绩效管理理念,其结果必然是平庸。

40

真高管团队是熬出来的

作者：左谦

以上我们谈到了如何综合理解和应用真高管团队模型，来打造真高管团队，很多时候真高管团队不仅是打造出来的，也是熬出来的。接下来我们通过一号位的视角看看真高管团队怎么才能熬出来。以下故事，纯属虚构。如有雷同，实属巧合。

2020年5月4日，《后浪》很火。年龄告诉我，自己肯定不是后浪。但我能肯定，我确实和后浪都在同一条奔涌的河流里。此外，我还能肯定一点，从5年前开始打算创业，我领潮之心从未停歇。

领潮这事不能势单力孤，得有群人一起浪。一个好汉三个帮，一个一号位得有一个得力的高管团队。什么是得力的高管团队，真高管团队这个提法挺好。我很喜欢这句话："**真高管团队就是一个能把弯路走得很好的团队。**"回想创业以来的这些年，我们的高管团队就是这么过来的，是熬出来的真高管团队。真高管团队怎么熬出来的，请听我的回首独白。

1. 戏精、杠精、马屁精三精聚会，做个最后发言的一号位好难

在这个大众创业的时代，很多人都在下一盘很大的棋，棋子根本不够用。

现在印名片就像通货膨胀时期印钞票一样简单，满大街都是 VP、CXO、合伙人。很多创始人一号位并不傻，但是事业刚起步，发饷的银子有限，没办法只能用头衔吸引。而且，几个号称大厂的企业，对市场上的人才掠夺性收割，小企业在吸引人才方面没有几个筹码。

抱怨没有用，道路是曲折的，梦想还是要有的。

当年，我只好先找几个人暂且当高管用，走起！

以赛代练，真金不怕火炼，走弯路的过程中再辨识谁是真高管，谁是伪高管。

有的时候很不幸，淘到的几个"颜良"而"文丑"的高管。

更不幸的是，这些"始于颜值、陷于才华"的高管，竟能把高管开会搞成戏精、杠精、马屁精三精聚会。

一般是戏精先登台亮相，戏精往往自带剧本，自动加戏，说的干货少，演的感受多。可怕的是高管团队中还有个马屁精，没有主见，信奉表扬他人是最大的美德。马屁精给戏精一点阳光，戏精就越发灿烂。

戏精 + 马屁精的二人转演几回，就会逼出一个高能杠精，专怼戏精和马屁精。

这样的高管会，在我看来是一群人的狂欢，一号位的孤单。

说到这儿，你会疑惑，我这个一号位怎么这么没有把控力。

其实作为一号位,我也是哑巴吃黄连——有苦说不出。

我也知道他们的道行深浅,确实是能力不足,只好靠戏精、马屁精、杠精的方式刷存在感。我也不好点破,人才市场上也一时半会儿找不到合适的人选替代,只好忍住暂不轻举妄动。我只好以雄心的一半是耐心自勉,以好的一号位用人都比较多元自我安慰。

说到这儿,我提一提第 20 节里的一些观点。

一号位在会上最后发言,确实好处良多。会让团队决策更容易正确;有助于让高管团队良将如云;有助于一号位学习进化;有助于一号位驾驭变革。创业之前,我在一个管理水平非常不错的民营企业工作了近 10 年,也亲眼见证了善于最后发言的一号位。因此,创业初期,我自己理所当然地会有样学样,想做个擅长最后发言的一号位,收获一个全明星的真高管团队。

然而,理想很丰满,现实很骨感。戏精、杠精、马屁精三精聚会,做个最后发言的一号位好难。

2. 外界不会给一号位更多耐心,凭什么一号位要对高管有更多耐心

一号位看起来外表光鲜,其实很苦。一号位每天除了体力劳动和脑力劳动,还要为戏精、杠精、马屁精们做情绪劳动。一号位除了伺候客户,还要拉着高管团队成长;很多时候,拉不动的心情让人绝望。创业不是请客吃饭,最终,市场、客户、机会不再给一号位那么多耐心。凭什么一号位还要对高管有更多耐心?一号位首先不是为高管们有酒喝、有肉吃而奋斗,首先应该为客户和公司奋斗,为在这个弱肉强食的商业世界活下

去而奋斗。

而且，大家都是成年人，也该把某些情绪戒了。我照顾你们的情绪，谁照顾我的情绪？谁照顾客户和公司的情绪？想通了这一点后，我也就解脱了。于是，我开始在工作上有一说一。如果真有人忍不了就走吧，皮实的就留下。最后，能一起往下走的真高管，都应该是成年人。

当然，我不会那么简单粗暴，怎么治戏精、杠精、马屁精，还得讲点方法。

开会时，当戏精、杠精、马屁精过度发挥的时候，我就不再客气了。对戏精，我会用"少说感受，多说干货"打断；对杠精，我会用"少说问题，多说建议"打断；对马屁精，我会用"少说好话，多说问题"打断。我不会在一次会上同时治三精，往往是这次会上治一个，下次会上治另一个。

三精也感受到了我的变化。据说我第一次扬刀立威的时候，会后几位高管私底下在议论，说我肯定是在家里被老婆骂了，所以今天和往常不同。

另外，工作和开会，还不是高管团队在一起的全部。那段时间内，我们也加强了非工作的团队活动，一起喝、一起玩、一起闹……在这些非工作的场合，他们要做什么都行。在这些非工作的场合大家都习惯以互相挖苦为乐，但一到了工作场合，大家都会切换为严肃的状态。

这个过程中，确实也走了两个人。这是我之前就预想到的，所以我没有心理负担。而且，大家都是成年人，分手的时候，好好说再见。

3. 招来个在阳澄湖涮了涮的"大闸蟹"

前面说到,我们的高管团队走了两个人,也有了两个坑。而在这个阶段,我们的业务也在市场上初步站稳了脚跟。这时候对外招高管,我们也多了点有质量的谈资。这次我准备招两个更高能级的高管,提升整个高管团队的战斗力。

很多人会认为一号位喜欢独断专行一言堂,其实不是,至少我是渴望招来高能级的高管。我也渴望他们在他们擅长的领域领导我这个一号位,领导公司前行。

写到这儿,我得说个观点。如果我们给了一个人VP头衔,我是没有指望他在某个职能领域领导我这个一号位的,因为VP(副总裁)还是"副"的嘛。但是,如果我们给了一个人CXO头衔,我是渴望他在某个职能领域领导我这个一号位的,因为C(Chief)是首席的意思,是第一人的意思。

我找了高端猎头资源,历时5个月,见了不下10个候选人,喝了不少于50次咖啡,总算淘到了一个我中意的CXO。这个人名校硕士学历,之前以管培生的方式进入一家世界500强外企,工作了10多年,内部经历了升职和轮岗,在多个城市工作过。后来跳槽到了某大厂,工作了两年,也算是接点地气。

他入职的时候,我带着高管团队做了隆重的欢迎仪式。我那时踌躇满志,觉得得到了一个大才。从此,哪怕是雄关漫道真如铁,都将迈步从头越。

人生总是充满曲折,期望越大,失望往往越大。

这个CXO在专业穿透力、系统性方面还是很不错的,毕竟在大组织干过,套路很多。但是,成也萧何,败也萧何。

他之前做到了外企500强中国分公司的某个职能高级总监，但主要的定位还是在于高效执行外企总部的管理系统和流程规则。后来他跳到某大厂工作，大厂体系也基本成熟，以套路工具见长，而且大厂善于对这些套路和工具命名。所以，这个高管套路很多，工具信手拈来，就像机器猫一样，让人确实有眼前一亮的感觉。

很多套路和工具，看起来一学就会，但到我们公司一用就错。要再深究这些套路工具背后的底层逻辑，问问能不能做点变通改动，这哥们也是力不从心，手足无措。

还有一点让我也很失望，这个哥们仗职欺人。在我们的管理体系中，VP和CXO都向我这个一号位汇报，但是CXO的职业等级和政治待遇还是要高于VP的。这哥们真把自己当个腕儿，在几次开会上，面对其他VP的质疑，居然直接蹦出了"我级别比你们高""这事我负责，你们听我的"这类幼稚的话语。可想而知，我要做不少安抚其他VP的工作，我要替这位CXO擦屁股（而且，CXO本人对此居然无感）。

最后让我们分道扬镳的是关于战略节奏和切入点的分歧。我们在战略方向上是一致的，但是我基于对公司历史和现状的评估，有自己对于切入点和节奏的判断。CXO认为我保守，坚持想清楚了就要干。然后搬出大厂当年怎样、大厂的创始人当年怎样的说辞。我承认，我天赋胆略比那个大厂的创始人差太多太多。所以我们不能走人家的路，不能走大厂的路。因为那个创始人不能复制，大厂的成功不可复制。反过来，我内心有些不爽，我心想，你在大厂工作那两年，估计见过创始人的次数也屈指可数。这和我在媒体上见到的效果又有多大差别呢？你怎么就比我更加清楚地知道那个创始人当时怎么想的，为什么要那么做？

最后，我和他摊牌了。

说实话，CXO离开后的那两天，我有一种身体被掏空的感觉。你来时携风带雨，我司避无可避；你走时乱了四季，我司久病难医。

后来，我和我的高管团队复盘这件事情。有个高管说了个比喻很生动，说这就是在阳澄湖涮了涮的大闸蟹，不是真的阳澄湖大闸蟹。当然，对于在阳澄湖涮了涮的大闸蟹，也不能一棍子打死。"涮"不是看时间，而是看质量。有些人有经历但没经验，有些人是可以把经历转化为高质量的经验。

经过这段经历，我也算长了记性，我也不再迷信名校、500强、大厂光环。

我在后续面试高管的过程中，我会特别着重于多问几个为什么，不仅仅问他当时怎么做的，还得了解当时他怎么想的，怎么做出的艰难选择。

这些感悟看起来都是常识，我其实在之前工作中接受过面试技巧方面的培训。但是，直到自己要面对最终结果带来的伤痛后，这些才刻骨铭心——多么痛的领悟。

4. 天道好轮回，苍天饶过谁

在搭建有战斗力的真高管团队过程中，我还栽过更大的跟头。

我招过一个运营VP，这个人和我是校友，还是老乡，是经其他校友介绍加入我们的。毕竟和我有很多共同语言，我们是一见如故。所以，当时我们发出入职邀请的时候，我也没多考虑做个背景调查之类的。

这个哥们能力还是不错的，情商也高。

但是让我没有想到的是，这个哥们在我们公司工作的同时，还在兼任其他公司的一些工作。这个事情，这个哥们在入职的时候，并没有和我说清楚。而且那个公司和我们还有一点竞争关系。

我知道之后，很生气。我认为，人性最大的恶，是消耗别人的善良。但是，请神容易，送神难。最后，我请介绍他来的校友斡旋，花钱（离职补偿）解决了这件事，请他离职。

后来我们没怎么联系，最近听说他在一家公司涉嫌违反商业行为准则，被公司审计部门在反腐违纪联盟披露了，估计现在也很难在职场混迹。

我不禁感慨，天道好轮回，苍天饶过谁。

关于这个高管的入职和离去，有一次我和我的高管们谈起。他们告诉我，关于这位高管兼任其他公司工作的事，他们中不少人比我知道得早，却没有和我说。

我当时很生气，就责怪高管们："你们为什么不和我说？"一位高管有句话虽然很刺耳，但是确实点醒了我。"我觉得你对这个校友兼老乡高管格外看重，这给团队的信号是，此人是不可讨论之人，此人的事是不可讨论之事。"

5. 磨出真高管团队收获感动

前面说的都是痛，都有点丧。作为创业者，作为立志于领潮的人，这些都是生命中不可缺少的部分。我经常以这段话自勉："真正的强者，夜深人静了，就把心掏出来，自己缝缝补补，之后再塞回去，睡一觉醒来又是信心百倍。"

5年来，创业之路不只有痛和丧。我们磨砺出了有战斗力的真高管团队，我们收获了感动。

不知从何时起，我不再拘泥于在会上最后发言，该说就说。我其实很愿意听到不同的声音，因为很多时候我心里也没底，我需要在PK中验证。团队中还是会出现几个敢说的，敢和我PK的。

说实话，"敢说"和"有判断力"是两回事。最开始他们真的和我无法对话，想的事情都不在一个层面，不在一个深度。但是，"敢说"是个好的开始，对于敢说的人，我会通过提问的方式，倒逼他们思考，提升他们的判断力和全局观。

有的人能慢慢跟上。我们的运营VP就是这么长出来的。他来的时候，只是一个经理，但是这些年，他经历了公司运营体系的起起落落。他当年向前文谈到的我那个校友兼老乡运营VP汇报，还是学了不少东西，把它们消化和转化，作为搭建我们自己体系的重要输入。虽然很多管理套路也是基于实践的总结，但是实践总结和实践之间还是隔了一个太平洋。我的这个内部逐渐成长起来的运营VP不算聪明，但是有一点很好，他学了就会去实践。他积跬步以至千里，今天我很有安全感地愿意把后背交给他。

当然也有人跟不上，那就好好说再见。我心里也释然，公司不是学校。我不能也不应该为他们的成长负责，他们应该自己负责。但我可以为他们成长创造机会，仅此而已。

我们还外聘了一个 CTO，这个哥们技术洞见一流，但情商比较低。每次开会，一言不合就开怼，就鄙视别人的认知水平。而且这哥们还有个弱点，就是好喝酒。所以，大家会上剑拔弩张，会后没有一顿酒解决不了的。大家也都理解他，他就是那样的风格。大家其实也欣赏他，他谈事情的出发点，真的是为公司考虑。这个 CTO 已经在我们这两年了，是我们的中流砥柱。半年前他结婚了（我也好奇他这个直男居然能找到媳妇），婚姻是最好的情商修炼场。我欣喜地看到，他对于新入职的同事还是很注意克制的，他知道他的杀伤力会让不熟悉的人受不了。据说，这是在他爱人的反馈下做出的积极转变。

最后再说说我们的 HRVP。

说实话，很多时候，我也是在赌。我不能保证我的每一个方向性的决策都对，其实我每次只有 50% 的信心。但是，创业这些年，我已经习惯了富贵险中求。决策错了，结果不好，我一般也不沮丧。比犯错更错的是犯错后深陷沮丧，停步不前。正确的做法应该是面对、总结、放下、再行动。决策错了、结果不好，我不受伤，一号位必须有个大心脏。

但是，我听到高管团队中有人说"当时劝你你不听""你是创始人，你爱怎样怎样"之类的话时，我就忍不住火冒三丈。

我承认，一号位要为一切错误买单，负首要责任。我坚持认为，当高管，就要和一号位一起为错误买单——我就是这么霸道。日落西山你不陪，东山再起你是谁？同甘共苦你不在，荣华富贵你不配。我们的 HRVP 还在做 HR 经理的时候,有几句话给我很大的感动。她说:"老大,这个决策是不是最好的决策,我们没有信心;但是我们有信心,你是当前最适合做最终决策的人。"她说:"老大,哪怕决策错了,最后结果不好,我们大家和你一起扛。"一号位的心也是肉长的,我听到这些话,其实眼中是有泪水的。但我依然装作坚强,做出了痛苦但是事后证明正确的决策。当然,别误会。我们这个当年的 HR 经理能做今天的 HRVP,不是因为这几句话。她的专业也是过硬的,她的工作风格很务实。

6. 最后的感悟

我,这个一号位,在过去的 5 年中,就这样披头散发,带着队伍一路狂奔。最后有人跟上了,有人掉队了。我们走了很多弯路,但是我们收获了感动,我们磨出了一个有战斗力的高管团队。不敢说弯路走得多好,但至少今天我们还有在路上走的资格。人生就是一场旅行,我们的人生还有很多希望,这就够了。

真高管团队的形成,是个熬出来的过程,不是上天突然赐予的一个结果。我原本以为,应该是先找几个牛人高管,才能打造出有战斗力的高管团队。一路走来,我才发现,是在熬出真高管团队的过程中,顺便熬出了真高管。这个过程,作为一号位,我也熬出了更好的自己。

延伸阅读

11.【视频】《企业发展到什么阶段,需要真高管团队?》

12.【视频】《真高管有哪几类类型/风格?》

13.【视频】《高管绩效不能沦为数字游戏和博弈》

跋
相比真高管，时代更需要真高管团队

作者：蔡地

最近几年，每个人、每个团队、每个公司都有了前所未有的经历和体验：原来看似平常平淡的工作和生活竟是如此美好和值得珍惜，岁月静好成了大家共同的期待和彼此的祝福；原来高歌猛进、蓬勃向上、大繁荣并不会一直存在，只是我们习以为常罢了；原来我们习以为常的，并不是永恒不变的；原来我们认为重要的，很多开始变得没那么重要，原来我们认为不重要的，很多却开始变得重要……

此时此刻，如果用一组词语来描述一下我们当下所处的时代，你会写下什么呢？

魔幻，混沌，内卷，撕裂，浮躁，衰退，洗牌，蜕变，创新，变革……

有人乐观，有人悲观，不同的人会写下不同的词语，但一个基本的共识可能是——这是一个充满不确定性的时代。我们要如何适应这样的时代？又是谁能够带领我们在这样的时代生存和发展，带我们走出沼泽、穿越迷雾？

每逢这样的时代，人们都期待英雄横空出世，力挽狂澜。有人期待自己就是那个英雄，有人渴望自己是被英雄拯救的那一个。无论东西方，概莫如此。

我有一个不同的观点，越是在这样的时代，我们越不应该期待个人英雄而更应该期待英雄团队来改变时局；同样地，越是在这样的时代，我们越应该期待高管团队而不是某位高管来领导公司披荆斩棘。

因为我担心，在个人成为英雄的道路上，一将功成万骨枯，有太多的人成为牺牲品和垫脚石；我也担心，如果我们依靠个人英雄带领公司穿越了至暗时刻或者取得了巨大胜利，一旦英雄封神，受众人顶礼膜拜，一个公司就难以走出人治的泥沼，难以建立起真正的美好组织，难以依靠制度、文化、机制和组织系统实现公司的长远良性发展。因为历史经验告诉我们，个人英雄从神坛跌落的那刻，往往也是一个组织分崩离析的开始。然后，我们又期待新的英雄，周而复始，循环往复。

所以我期待，有更多的中国公司依靠高管团队而非个体的力量来摆脱困境、走向成功。这需要团队协作的理念更加深入人心，成为每个人的底层信念；这样，每个人才会更有勇气接受自己的不完美，承认个体的渺小和局限性，甚至无能为力。

诚如老房所言，高管团队就是一个微缩的组织，就是一个缩微的"动态复杂的社会系统"。在这样的组织和系统里，一号位要学会平衡谦卑和勇气，真高管要学会扮演好四个角色，要学会共创公司的使命愿景价值观，要学会建立共同语言，要学会营造出有生成性的场域来滋养团队和自己，要学会处理好复杂关系，更要学会不断提高公司的外部适应性。

如果高管团队边这样集体学习、修炼和成长，边带领企业走向未来，是否未来更可期？未来的未来也更可期？我们是否就有可能摆脱"期待—制造—毁灭"个人英雄这个怪圈？美好组织是不是就不再是一个理想，而更可能成为一个现实？

最后我想说，期待个人英雄更多的是偏感性的、局部的、短暂的浪漫主义；期待英雄团队则可以让我们平添几分偏理性的、系统的、长期的现实主义。"先有真高管团队，再有真高管"不仅是一个高管培养和成长的策略、方法和路径，也应该是一个价值理念。在这样一个时代，让我们一起呼唤更多的真高管团队出现吧！

是为跋。

蔡地

2022 年 10 月于济南